JN235122

中学受験は社会で合格が決まる

地理・歴史とくればお父さん、出番ですよ！

野村恵祐 スタディアップ代表

講談社

はじめに

この本を手に取っていただきまして本当にありがとうございます。

タイトルをご覧いただいたとき、かなり多くの方が驚かれたかもしれません。

そうですよね、算数や国語を中学受験の決め手としている受験本は山ほどありますが、まさか中学受験は社会が合格の決め手になるとは微塵も思っていなかったのではないでしょうか。

もちろん、この本をいまお読みいただいている方は、中学受験を頑張っている、あるいはこれから考えている、もしくは何らかの形で中学受験に関わりがある方だと思います。

そんなあなたの頭の中では、意識的にも無意識的にも、中学受験の4科目、算数・国語・理科・社会の中で、社会は極端にいえば、小学6年生の入試本番前の2~3ヵ月の暗記でなんとか乗り切ろうと思っている方も多いのではないかと思います。

あるいは、そこまでではないにしろ、社会は6年生の9月からでよい、社会よりも算数・国語の成績を先に伸ばそうというように、4科目の中で優先順位をいちばん低くしていませんか。

もしも、そのようなお考えが少しでもあった場合、何かのご縁でこの本を開いていることは、本当に幸運であり、わたしはあなたのお子さんの合格を手助けできる可能性が大いにあります。

もしも、

●社会は、4科目の中でいちばん後回しにしてよい科目である
●社会は、6年生の入試直前期でも間に合う
●社会よりも、算数・国語の点が良いほうがよい

このような考えを少しでも持っている場合、ズバリ言わせていただきます。

「あなたのお子さんの中学受験は社会で失敗します」

はじめまして。

わたしは、日本で唯一、中学受験の社会科専門塾を東京で運営しており、わたし自身、中学受験の社会を専門に指導している講師でもあります。さらに、全国の中学受験生のために、家庭学習で社会の成績をアップさせるようなＣＤ・テキストなどの教材プロデュースも行っております。この本は、そんなわたしが毎年２０００名以上の中学受験生やその保護者の方と接してきた経験則に基づく事実をもとに書いたものです。

わたしのところに来るほとんどの保護者の方は、最初のころは社会に関して明確な学習戦略を持っていませんでした。

しかし、社会という科目の性質を正確にとらえ、早い時期から正しく戦略を立て直したお子さんの多くは希望する中学に合格をもらっています。

このように、本書の内容をしっかりとお読みいただき、意識改革をしていただくことによって、中学受験を成功させる可能性は大いに高まると思います。

本書はこれからあなたのお子さんが中学受験を終えるまでの間、とてもお役に立てる内容だと思います。しかも、お母さんだけに限らず、今までは仕事が忙しくて、なかなか教育参加できなかったお父さんでも十分に活用できる内容です。

まずは、本書を読んでいただき、中学受験の社会に対する意識改革を一緒にしていきましょう。その上で、本当の意味で社会という科目の中学受験における位置づけ、重要性が分かったとき、あなたの中学受験の学習戦略は大いに変わるはずです。

そして、中学受験というのはそばでお子さんを支えているお父さん・お母さんのサポートが塾や家庭教師の先生よりもまず一番になってきます。

なんとか1点でも多くテストの点を取らせてあげたい、模試の偏差値をもっとアップさせてあげたい、志望校に合格させてあげたい、こういったお気持ちは痛いほどよく分かります。

だからこそ、中学受験の社会という科目に対して、間違った戦略を立てている受験生を放っておくことはできません。

ご縁あって、本を購入していただいた以上、本書を最後までお読みいただいたときに、「社会に対する考え方が180度変わった。むしろ、この本を読んでおいて本当によかった」といってもらえるくらいにわたしのこれまでの経験のありったけを詰め込みました。

そして、社会に関して分からないことがあれば、いつでもこの本から再確認できる、そんな中学受験の社会のバイブル的な内容になれれば、と願って書きました。

そして、何よりもはじめて迎える中学受験という特別な出来事の中で、塾や家庭教師の先生のアドバイスを言われた通りに鵜呑みにするのではなく、社会という科目を軸にして親子でしっかりと考え、計画して受験を乗り切ることができる、そんな目的の内容にしてあります。

では、本書の中に進んでいき、一緒に社会の学習戦略を再設計していきましょう。

第1章

社会で勝つための4つの原則
～間違った固定観念を捨てよ～

改めてご挨拶させていただきます。

わたしは、野《の》村《むら》恵《けい》祐《すけ》と申します。

本書は、一冊で中学受験の社会の位置づけや取り組み方、具体的な勉強法などあらゆることが分かるようにしてあります。

まず第1章では、中学受験の社会という科目をどうとらえて学習すればよいのかという原則的な話をしていきますが、その前にまずは、どうしてわたしが日本で唯一の社会科専門塾を立ち上げることになったのか、その経緯を聞いてください。

わたしは、大学1年生のときから大手進学塾の講師や個別指導塾の講師、家庭教師などいろいろな形で、中学受験の社会を専門に指導してきました。もともと人に教えたりすることも好きですし、自分自身が中学受験を通して学んださまざまな経験を生かしたいという思いで、大学の入学式の3日前から教育の現場で働き始めました。

もちろん、はじめのときは大学生のため、アルバイトという形でしたが、生徒には正社員であろうが、アルバイトであろうが関係ありません。生徒が合格するために必死に指導していました。そのときからの指導経験が今のわたしを形成しているといっても過言ではありません。

その中で、こんなエピソードがあります。

当時、家庭教師という形で小学6年生の社会を指導したことがありました。10月からの指導ですので、直前期にあたります。

その生徒は、今まで算数、国語に時間を費やしてきたので、最後の追い込みで社会を固めるために、家庭教師で対策したいという経緯でわたしが指導を始めました。

わたしが指導を開始した最初のときに、過去の成績推移をみせてもらいました。社会は一貫して偏差値50に届いていない状態で44～48、算数、国語が52～59のあたりをウロウロしているような状態、4科目の偏差値は50前後でした。

ところが、蓋をあけてみれば、喜ばしい結果が……。

その子は、偏差値61、最後の12月に受けた四谷大塚の合不合判定テストでは、合格可能性20%以下だった1ランクも2ランクも上の中学に合格したのです。

当然、親御さんも4科目の平均偏差値で受験校を選んでいましたので、わたしが家庭教師をする時点では、まったく視野に入っていないような中学でした。

中学受験は、大学受験と違い、自分の実力よりもはるか上の中学を玉砕覚悟で受けてみる〝記念受験〟というものがほとんどありません。

しかも、東京・神奈川では、中学校の入試日が重なる一斉入試が行われるため、行きたい中学すべてを受験することができるわけではありません。また、大学受験のように、今年がダメでも来年もう一度受験できるという〝浪人〟制度もないため、あまり無謀なチャレンジができません。

しかし、その生徒は、わたしが指導していく中で、社会の力が驚くほどついてきたので、これは算数、国語がいつも通りの力が出せて、社会をさらに万全の状態まで固めれば合格する可能性は大いにあると思い、親御さんに思い切って提案し、受けてみることになったのです。

そのときの生徒は、みごとに合格しました。わたしは、そのことをきっかけに、算数・国語・理科・社会の取り組むべき優先順位のつけ方に大きな矛盾を感じ始めました。

この生徒は、算数、国語を固めて、社会を後回しにしていただけで、社会をしっかりと固めることができていれば、潜在的にはもっと良い偏差値が出ていたはずだ……。もっと前の段階から、志望校選びの幅が広がっていたはずだと……。

中学受験の中では、誰も疑うことなく感覚的に、「算数・国語をまずは優先的に固めて、社会は最後」という根拠のない固定観念が浸透しています。

塾の先生のほうからも、まずは算数・国語をしっかり固めるということをお話しになる場合も多いですし、親御さん、生徒も疑うことなくその認識で受験を進めていきます。

わたしもはじめのうちはそうでした。算数、国語を先に固めて社会を後回しにするという方法に何の違和感もありませんでした。

しかし、よくよく考えてみると、中学受験はあくまで4科目の総合点の勝負である以上、この方法には何の根拠もありません。本当に、なんとなく浸透している固定観念に過ぎず、いままで誰からもまともに問題提起のされたことのない方法なのです。

そのうち、中学受験の現場で、社会を専門に指導していると、この固定観念にどんどん疑問が湧いてきました。それと同時に、早い時期から社会の受験勉強を固めていけばいくほどにどんどん合格を勝ちとるという、まさにこの固定観念を打ち破るような成功事例の傾向が出てきたのです。それも1件や2件という数ではなく、何十件という数の成功事例です。

そして、そこに気づいたわたしは、一大決心をしました。

中学受験において社会こそがまず最初に固めるべき科目であり、いかに社会を早めに仕上げるかこそが合格につながる戦略になる。

その戦略を確立させて、一人でも多くの受験生やその親御さんに実践してもらい、中学受験の合格を勝ちとってもらいたい、その理念のもとに、スタディアップという日本で唯一の中学受験社会科専門塾を立ち上げることにしたのです。

そしてそこでは、短い期間で集中的に社会を固めることができる授業形式のライブ講義や、全国の中学受験生のために、まず社会を早くに固めてもらいたいという思いで、効率よく家庭学習で社会の成績をアップさせるようなＣＤ・テキストなどの教材プロデュースも行い、今日に至ります。現在は年間に２０００名以上の受験生及び、その父兄と関わっています。わたしの「社会優先」の中学受験勉強法は、多くの実績によって確信となっていったのです。

わたし自身、首都圏の有名私立・国立中学校179校に加え、首都圏以外の有名中学校数十校の社会の過去問を毎年すべて解いております。

とにかく、過去問や有名進学塾の公開模試などの限りなく多くの問題に触れることで、最新の出題傾向や重要な部分を常に研究しております。

また、全国各地の中学受験塾から招待講師の依頼をいただいたり、中学受験の学習塾に対して社会科テキストの監修や、模擬試験作成なども行っています。

そういった経験の中で、毎年毎年、仮説と検証をくり返し、どういう生徒が社会で成功するのか、それをどんな受験生にも分かりやすく体系化し、社会で勝つための大きな4つの原則をつくり上げました。

まず、親御さんに知っていただきたいものはこの「**4つの原則**」です。これが頭にしっかりと入っていれば、社会の勉強法で大きく方向性を間違えたり、時間を無駄にすることも、絶対にありません。しっかりと頭に叩き込んでください。

これから一つずつ紹介していきます。

【社会で勝つための4つの原則】　原則1　社会の配点を知る
～社会の1点　算数の1点～

まずは大きな枠組みとして、中学に合格するということを考えてみましょう。

合格の定義とは、算数・国語・理科・社会4科目の合計得点が、その中学校の合格最低点、もしくはそれを1点でも超えることです。

そして、算数・国語・理科・社会はすべての科目の難易度が同じでないのにもかかわらず、4科目の合計点で勝負が決まります。

ですから、科目ごとの配点を知っておく必要があるのです。

ここで、実際に人気校を例に出してみましょう。

次ページのように、誰もが目指すような人気校でも、社会の配点はたいへん大きくな

図表1　人気中学校の得点構成（2011年度）

開成中学校	国語85点　算数85点　理科70点　**社会70点**	310点
筑波大学附属駒場中学校	国語100点　算数100点　理科100点　**社会100点**	400点
女子学院中学校	国語100点　算数100点　理科100点　**社会100点**	400点
鷗友学園女子中学校	国語100点　算数100点　理科100点　**社会100点**	400点
渋谷教育学園幕張中学校	国語100点　算数100点　理科75点　**社会75点**	350点
市川中学校	国語100点　算数100点　理科100点　**社会100点**	400点
東大寺学園中学校（4教科型）	国語100点　算数100点　理科100点　**社会100点**	400点
神戸女学院中等部	国語120点　算数120点　理科100点　**社会100点** 体育実技20点	460点

っており、国語、算数と同じ配点の中学もあれば、国語、算数の4分の3程度の配点になっている中学もあります。

そして、難関校以外の中学校では、国語・算数と社会の配点は同じになっているところも多々あります。

つまり、配点をみてもほとんどの場合において、社会も絶対におろそかにできない科目なのです。

その上で、再確認してほしいのは、**難易度が違うのにもかかわらず、算数で1点多く取ることも、社会で1点多く取ることも、総合点で考えれば、どちらも同じ1点なのです。**

21ページの人気校の受験者平均点と、合格者

図表2　栄光学園中学の入試結果

	受験者平均点	合格者平均点	合格者最低点	合格者最低点－受験者平均点
2011 年度	140	163	147	147 － 140 ＝ 7
2010 年度	128	149	134	134 － 128 ＝ 6

最低点を表した図表2をみてください。

この表をみると、2011年度の栄光学園中学の受験者平均点は140点、合格者最低点は147点という結果が分かります。

受験者平均点は、ちょうど受験生の真ん中になりますので、偏差値でいうと50のラインになります。そして、どんな試験もそうですが、受験生の分布図は、偏差値50を中心に大きな山の形になりますので、この受験者平均点の位置には、いちばん大きな受験生のかたまりができていると推測できます。

つまり、このわずか数点のラインに本当に多くの受験生がひしめき合っているのです。

（この中学以外にも、合格者最低点－受験者平均点の数値の例をあげると、渋谷教育学園幕張中学168－163＝**5点**　駒場東邦中学234－230＝**4点**　桐朋中学　194－191＝**3点**）

このデータをみてお分かりの通り、

合格できるか、できないかの違いは、たった数点の差に過ぎないのです。

社会の問題が1問2点だとすれば、たった2～3問。いくら算数・国語で模試通りの点数が取れたとしても、社会の2～3問を間違えてしまえば落ちるくらいの大接戦なのです。

もっといえば、入試本番で、受験生の正答率が5％以下の算数の超難問を解けたとしても、徳川幕府の最後の将軍が書けなければ、入試に落ちることもあるのです。

逆にいえば、**5分程度で覚えることができる、たったこれだけの暗記が後回しになっただけで、今まで何年も頑張って受験勉強してきたことが報われない**としたら、これ以上に悔しいことはないでしょう。

難易度が違うのにもかかわらず、算数も社会も同じ1点、そして、入試では数点の差で合否が決まっているという現実、それにもかかわらず、ほとんどの受験生は、固めるべき優先順位をつけ間違えて、社会を後回しにしてしまっているのです。これほどもったいないことは他にありません。

ましてや、難関校になればなるほど、算数、国語はいうまでもなく、万全に仕上げてくる受験生が多いはずです。そうであればあるほどに、算数、国語は得点できて当たり前、むしろ、社会を固めておくことこそが入試で勝敗を分けるということがお分かりでしょうか。

社会という科目はたかが暗記科目で直前期に仕上げればよいと軽く考えていた方もいるかもしれませんが、この事例をみれば分かるように、合否に直接影響するような大切な科目なのです。

そして、あとにも詳しく触れていきますが、社会という科目の性質として、他の科目と違うのは、覚えた分だけ得点につながる即効性の強い科目であり、なおかつ暗記科目ですので、算数、国語ほど仕上げるのに時間がかかりません。

ですから、得点を固めるのにいちばん時間がかからない社会を最後に持ってきてしまい、思ったように社会を仕上げることができず、後悔するのではなく、中学受験を成功させるためには、「社会をまず最初に固めることが必要だ」と認識してください。

【社会で勝つための4つの原則】 原則2 社会という科目の特性を知る

〜社会に学習センスはいらない〜

社会という科目には、**「正しい学習サイクル」**が存在することを知っていますか？この正しい学習サイクルにのっとって学習していかないと、いくら時間をかけてもほとんど成果には結びつきません。さらには、社会が苦手になるといった悪循環に陥りかねません。

しかし、毎日のように塾に通い、毎週のように確認テストや宿題があり、社会だけではなく、他の科目でもすべき課題がたくさんになっていると、このサイクルを守れなくなるのです。

社会の正しいサイクルは3ステップになっています。

どんなときも、3ステップの正しい学習サイクルは必ず頭に入れてください。

そして、お子さんの社会の勉強がこの順番になっているかどうかを徹底し、少しでも間違えた順番になったら、すぐに正しましょう。

3ステップの正しい学習サイクル

1 効率のよい【授業】(input)

↓

2 授業で習った単元を家庭学習で【暗記】する(input)

↓

3【問題演習】によって、1・2でインプットした知識をアウトプット(output)してみる。※要は、覚えた知識の使い方、引き出し方を訓練、実践することです。

すごくシンプルな流れですが、この順番で学習しないと、まず間違いなく、社会の成績は上がりません。ですから、まずはこの学習サイクルを頭に入れてください。

そして、ただこのサイクルを守るだけでは不十分です。

社会の成績を上げるためには、この3ステップのサイクルを**【授業】20％【暗記】60％【問題演習】20％程度の時間配分**で行うことが大切になってきます。

このような時間配分になるのには、社会という科目の特性が関係してきます。

ここで、中学受験の社会と算数の比較をしてみたいと思います。

算数の場合、どのような学習サイクルになるのかを考えます。

1　通常、まずは授業で先生に新しい単元の基本公式や例題を習います（導入）。

↓

2　その後、問題演習で、習った単元の類題を解いていく演習の時間になります。
↓
3　最後にその公式を理解したか、演習で解いた問題の答え合わせの解説となります。

当然、演習に時間がいちばんかかります。

さらに、少し数字が変わっただけでも、答えの違う別の問題になってしまいますし、問題文の問われ方によっても、本質的に同じ問題がまったく違う見え方になってしまいます。

ところが、社会の場合、**この演習という時間がほとんど必要ありません。**

算数の場合ですと、問題の数字が少しでも変わってしまえばまったく違う答えになってしまいますが、社会では、聞かれ方が違うだけで、聞かれることは、その単語を覚えているかいないかだけだからです。

もっと具体的に話します。今度は社会の歴史を例に出して説明します。

歴史分野には、このような内容があります。

●607年に小野妹子が遣隋使として中国に行った。

これは、非常に重要ですが、重要なポイントは限られています。

607年、小野妹子、遣隋使、たったこの3つです。

では、この内容に対して、演習といっても、

【問題】小野妹子は何年に中国に行きましたか？　【答え】607年
【問題】607年に遣隋使として派遣されたのは誰か？　【答え】小野妹子
【問題】小野妹子は、何に任命されて中国に行ったか？　【答え】遣隋使

テストに出題される主なパターンは、たったこれだけしかありません。

算数のように演習を過度にしなくても、暗記のときに正しい内容でしっかり覚えていればある程度の問題は簡単に解けてしまいます。

また、他にも事例がありますので、ご紹介します。

わたしがプロデュースしている教材には、『暗記の極意777』というものがあります。

この『暗記の極意777』は、中学入試に必要な一問一答形式の問題を集めています。

『暗記の極意777』一部抜粋

【問題】日本の標準時子午線は、（　　　）を通る東経（　　）度の経線である。

【答え】明石、135

【問題】1543年にポルトガル人が（　　　　）に流れ着き、（　　　　）が伝来した。

【答え】種子島、鉄砲

【問題】日本国憲法には「国会は、（　　　　）の最高機関であって、国の唯一の（　　）機関である」と定められている。

【答え】国権、立法

このようにシンプルに一問一答形式で、本当に覚えてほしい社会の重要な知識をインプットするためのテキストなのですが、このテキストをしっかりと覚えている生徒は、やはりテストの点も確実に伸びています。


あるとき、わたしは、生徒に尋ねてみました。

「知識をインプットしたあとに、問題集などを使って、問題演習をした？」

その生徒はこう答えました。

「ほとんどしていません、だって覚えた通りにテストに出るから、テストでは覚えた通り書いているだけです」

このやり取りからもお分かりになるように、社会の場合、**最終的には覚えたか覚えていないかで得点が決まる科目であり、なおかつ演習には時間をほとんどかけなくて済む即効性の強い科目**なのです。

つまり、社会に関しては、生徒個々の学習センスをまったく必要とせず、覚えたか、覚えていないかの違いがそのままデキる、デキないに変わる科目なのです。

ですから、社会の場合は学習センスを必要とせず、成績の上がらない子は、上手く覚えることができないに過ぎません。

現時点で自分の子は社会のセンスがない、社会が苦手だと思っている親御さんがいれば、その考えを改めてください。

はっきりと断言しますが、**社会ができない子はおらず、どんな子も正しく学習すれば、必ず成績は伸びていく科目**です。

【社会で勝つための4つの原則】　原則3　塾の限界を知る

〜社会は塾で伸ばすものではなく、家庭学習で伸ばすもの〜

本書をお読みの方は、お子さんが塾に通われている方も多いでしょう。わたしの講義に来る生徒も、ほとんどが塾に通っています。

多くの親御さんが算数・国語・理科と同じように社会も当然のように塾に任せ、月謝をお支払いになっているのだと思います。

しかし、社会の成績を上げるための塾の役割を正確に分かっている方はそう多くいません。

ですから、「塾に通わせても社会の成績が伸びない」「うちの子は社会が苦手だ」という間違った認識になってしまうのです。

社会の成績を上げるためには、塾のことも分かっていなければいけませんので、一般的な大手進学塾の社会の流れをみていきましょう。

大手進学塾では、地理を5年生の夏まで、歴史を6年生の春まで、公民を6年生の夏まで、そして6年生の秋からは総合演習、過去問を行い、6年生の直前期に時事問題を行うというのが一般的な流れとなっています。

ただし、あくまで一般的な流れに過ぎず、もっと早かったり遅かったりと、これは塾によって違ってきます。

授業は週に1回で、流れとしては塾のテキストに沿って授業を進め、問題を解かせたり、宿題を出していきます。

そして、週ごとに定着度をはかるための確認テストを行ったり、月に1回程度の模試が用意されており、そこで偏差値が出されます。塾で学ぶ社会の時間数は累計すると、たいへんな時間数になるかと思います。

ここまでのお話で、塾でもいろいろなフォローをしてくれるから塾に任せてもいいのではないかと思われた方に、わたしから質問させてください。

どのお子さんも社会の授業は毎週欠かさず出ているのにもかかわらず、社会の成績は良い生徒と悪い生徒が出てきます。これはいったいなぜなのでしょう。

答えは簡単で、**社会の成績が良い生徒は、塾以外の家庭学習の中で社会を暗記する時間をしっかりとつくり、覚えなければいけない部分を覚えているから**なのです。

たったこれだけの違いです。

しかし、ここで大きな問題点が一つあります。

社会の成績を上げるためには、3ステップのサイクルを**【授業】20%【暗記】60%【問題演習】20%程度の時間配分**で行うことが重要だということはすでにお話ししました。

しかし、**塾に通うだけで社会を放っておくと【授業】+【暗記】の時間が20%で、【問題演習】の時間が80%となってしまい、本来の理想とまったく逆の時間配分になっ**てしまうのです。

これは、塾の経営上の問題になってきます。多くの場合、塾では4科目をセットした料金になっています。それは、**科目別の重要度によって講師の給料を変えられないから**です。

ですから、社会だけ3ヵ月で地理・歴史・公民のすべてを終えるわけにはいきません。算数、国語、理科と同じように塾に来てもらうため、あえて、2年半もかけて地理・歴史・公民を終えるカリキュラムにしてあります。そうなると、本来時間をかけるべきでないところに時間をかける必要があります。そのため、授業の中で、プリントを配ったり、確認テストを行ったりと問題演習の時間を多く取ります。

しかし、**知識の土台が固まっていない状態での演習はまったく意味を持ちません。**

しかも、本来は、まず一番に家庭学習での暗記の時間が必要なはずなのに、家でするための宿題や演習プリントも大量に与えられるため、**十分な暗記の時間が確保できないという悪循環**になっていくのです。

もっと恐いのは、これに時間を取られるだけでなく、これをやって**「やった気」**になることです。毎週のように、塾で社会を習い、さらには与えられた宿題やプリントに時間をかけて勉強すると、なにか勉強した気になってしまうのです。

しかし、正しい学習サイクルとは逆の時間配分で、家庭学習でしなければいけない暗記よりも先に、塾の授業の中で、問題演習をどんどん行ってしまうので、実は時間をかけて勉強した気になっていても、驚くほど身についていないのです。

社会の成績が良い子ほど、この家庭学習で、まず「暗記するための時間」をしっかり取っており、できない生徒ほど、この家庭学習で「暗記するための時間」をほとんど取っていないのです。

ですから、社会を塾任せにしている**だけ**では暗記の時間が不足してしまい、社会の成績は伸びないことを頭に入れてください。

社会に関しては、塾で伸ばすものではなく、家庭学習の中で伸ばすものだという認識

を強く持ってください。

なお、家庭学習に関する内容について思いあたることがありました。やはり、家庭学習がしっかりできて、**早い時期から社会の成績が良い生徒は、中学受験に成功する生徒が多い**のです。家庭学習の習慣がついているのですから当たり前の話ですが、社会の家庭学習が上手にできる子は他の科目も効果的な学習ができているのです。

そして、この習慣は何も中学受験だけに限らず、むしろ中学受験を終えたあとでも重要な力になってきます。中高一貫校に行けば、特殊な場合を除けば高校受験はありませんが、中学校に入学してからも定期テスト、もっと先の話をすれば、大学受験まで必要になってきます。

そうであれば、やはり早めのうちに家庭学習を身につけておくに越したことはありません。まずは社会でその家庭学習の癖をつけましょう。

実際、社会は暗記がいちばん大切になってくる科目のため、算数、国語よりも、お子さん自身の家庭学習の中でどんどん学習を進めていける科目です。**言い換えれば、算数、国語に比べて家庭学習の習慣づけがいちばんしやすい科目こそ、社会なのです。**

家庭学習と社会というのは、とても相性が良いので、社会という科目としての成績アップに加え、早い時期からの家庭学習を習慣づけるのにちょうどよい科目であることも知っておきましょう。

家庭学習のための参考書の選び方

本書の役目は、社会の正しい勉強をするための原則や方法を伝えることであり、この本自体は問題集でも参考書でもありません。

次の章からは、地理、歴史、公民、時事問題という、社会における4分野の正しい学習戦略をお話ししていきますが、**最終的にはその方法論をもとに、家庭学習を中心とし**

て、通われている塾の教材や市販の参考書などを用いてお子さん自身が、社会を頑張らなければならないのです。

そのためには、今後、多くの参考書の中から必要なものを選ぶ機会もあると思います。

ここで効果的な参考書の選び方をお伝えしていきます。

社会の場合、参考書の選び方によって、家庭学習の進み具合も変わってきてしまいます。

社会の参考書を選ぶ場合、目的別に分けて選ばないと、効果は薄れてしまいます。

多くの受験本でも、社会のお勧めの参考書はこれですという形で書籍名を掲載しているものが多数ありますが、それは正しい選び方ではありません。

社会の参考書を選ぶときは、**社会の3つのステップである【授業】【暗記】【問題演**

習】、この中のどの部分を補強したいのか、まずそこを明確にした上で、目的に合わせて選んでみましょう。

●1　授業タイプの参考書

【目的】塾の授業を受けたが、あまり定着しておらず、もう一度塾の授業を受けたい、あるいは塾に通っていないので、まずは授業の部分を参考書で学習したい。

↓

読みながら学習していくことのできる読み物系の参考書をお勧めします。間違っても問題が多く収録されているものを選ばないようにしましょう。

【参考書例】四谷大塚の予習シリーズ、自由自在（増進堂・受験研究社）、小学総合的研究　わかる社会（旺文社）など

●2　暗記タイプの参考書

【目的】効率よく知識をどんどんインプットしたい、重要なキーワードをおさえていきたい場合に活用しましょう。ただし、この場合あくまで塾の授業にあたる部分が、ある

程度頭に入っていることが前提です。

【参考書例】社会メモリーチェック（みくに出版）、ズバピタシリーズ（文英堂）など

●3　問題演習タイプの参考書

【目的】実際の演習問題をどんどん解いていき、どの程度の知識が身についているのか確認するために活用しましょう。

【参考書例】志望校の過去問

このように、目的に合わせて選ぶことが大切なのはもちろんのこと、必ず、1→2→3の順番に活用していくことがポイントです。参考書を活用する場合、この順番に学習していかないと、時間を浪費し、やった気になっただけで思うような効果を得られません。


そして、暗記タイプの参考書を選ぶときのポイントをお伝えします。

ずばり、知識の暗記を行うときに使う教材については、**できる限りコンパクトにまと**

まっているもので、受験を終えるまで活用できるような知識のバイブル的な教材をぜひみつけておいてください。

進学塾に通っているお子さんの親御さんに、話を細かく聞いていくと、圧倒的な数の受験生が、塾で配られる問題集やプリント、市販の参考書や問題集で、次のような悩みを抱えているのです。

●自分の通う塾では、学年・シーズンごとにテキストが替わり勉強がしづらい。
●授業中に使うテキスト・確認問題・演習問題が全部1冊にまとまっているため不便。
●地理・歴史・公民がバラバラで勉強しづらい。
●絶対暗記しなければいけない問題、ほとんどテストに出ない問題がまざっており、ポイントが分からない。
●塾で毎週毎週プリントが配られ、ファイリングでも精いっぱいで、とてもじゃないが、何を優先的に覚えたらよいかが分からない。

これらの悩みの通り、地理や歴史を復習しようとしても、「はいっ、このテキスト1冊を覚えれば、知識のインプットができる」というような目的に適したテキストが塾にはあまりないのです。

ですから、わたしの個人的なお勧めは、**受験を終える6年生の入試当日まで暗記専用として使える相棒のようなテキストを早めにみつけておくこと**です。大きめの書店に行けば、その類のテキストも必ずあるはずです。

社会では、4年生のときはこの程度の暗記でよい、5年生のときはこの程度の暗記でよいという境界線はありません。6年生の入試本番までに覚えなければいけない内容は共通しているということを再認識した上で、入試当日まで活用できるテキストという意識で相棒を探してみましょう。

また、何も市販の参考書に求めなくても、自分の通っている塾のテキストがやはりいちばん使いやすいというのであれば、複数冊に分かれているもので、覚えなければいけない部分をまとめ直したり、コピーして切り貼りしてもよいかと思います。

こういった方法には、これが正解というものはなく、**あくまでお子さんが地理・歴史・公民をしっかりとインプットできればよいだけ**の話なのです。

塾に通われている場合は塾の教材も含め、手元にある教材、参考書がどの役割のものかを整理してみましょう。その上で、授業、暗記、問題演習の3つの中で、どの部分を補強しなければいけないかを考えて、上手に活用していきましょう。

【社会で勝つための4つの原則】原則4　親としての役割を知る

～暗記科目である社会こそ、親子の二人三脚が必要～

ここまでに書いてきた社会で勝つための原則、そして次の章から始める具体的な分野別の勉強法、そのどちらもお子さんに向けて書いたものではなく、親であるあなたに向けて書いたものです。

とてもじゃありませんが、まだ12歳のお子さん自身に中学受験の目標設定をさせて、その通りに実行させるのははっきりいってかなり無理な話です。

一般的に、大手進学塾に通っている生徒であれば、毎日の小学校のあとに、夕方から塾へ通います。これが週に3日も4日もあるわけです。

さらに、塾のない日は日々の宿題に追われ、さらに毎週のテスト、月ごとに行われる模試など本当にとても忙しい日々を送っています。

そんな現状の中、自分で学習スケジュールを組み立てて、それがこなせたかどうかもチェックして、模試の偏差値の推移をみていきながら、学習戦略を組み直すことができる。

このように、親の手がかからずに、何のストレスもなく合格までたどり着けるお子さんがいったい何人いるのでしょうか。そんなお子さんは本当に一握りです。

中学受験は、本当に親子二人三脚で頑張っていかなければ、乗り切ることはできない過酷なレースです。スポーツにたとえれば、個人競技（本人）ではなく団体競技（本人・親兄弟・塾・家庭教師・学習教材）なのです。

しかし、お子さんはもちろんのこと、**多くの親御さんにとっても中学受験ははじめての経験**のため、手探りの状態で今の状況でよいのだろうかと思いながら進めているはずです。

しかも、志望校に合格するまでは、本当に正しい戦略だったかどうか分かりません。一生に一度しかない中学受験なのに、間違った戦略で中学受験を終えてしまい、入試が終わったあとに、「あのとき、こうしておけばよかった、もっとこういうふうに勉強すればよかった」といっても後の祭りです。

はっきりと言いますが、社会という科目は「暗記科目」であり、「自学自習」が効果的な科目だからこそ、親子二人三脚で進めていきやすい科目なのです。

算数や国語であれば、いくら理論的なお話をしても、結局はお子さんと親御さんだけで成績を伸ばしていくことはできません。

中学受験によほど長けた親でもない限り、6年生の算数の難しい問題をいきなり聞かれても塾の先生のように即答できないでしょう。

しかし、社会という科目は他の科目と異なり、暗記をしっかりと行えば成績を伸ばすことができます。

ですから、**親御さん自身が科目としての性質をしっかりと理解した上で、正しい方向に向かって親子で学習していくことができれば、間違いなくお子さんの成績を上げることができる科目**なのです。そのためにも、お子さんの社会の成績が安定し、自ら進んでスイスイ学習するまでは、一緒になって学習の手助けをしてあげてください。

しかも、お子さんの受験というと普段はお母さん主導で、仕事の忙しいお父さんの出る幕がほとんどない場合も多いかもしれませんが、社会に関しては、4科目の中でも最も協力しやすい科目でもあります。

お父さんの中には子供の頃、東海道新幹線の駅名を東京から新大阪まで覚えたり、歴史の戦国武将に興味を持って歴史マンガを読んだりした人もいるはずです。そういうお父さんにとって、教育参加するきっかけとしても、社会はうってつけの科目です。

お母さんの中には、社会が苦手な方もいるかもしれません。そんなときは、お父さんが本書を読んでいただいても、十分に実践できる内容になっています。ちょっとしたときには、お父さんの持っている社会に関する知識なども楽しく話しながら、お父さんのＤＮＡをお子さんに伝えてみましょう。

第２章からは、地理・歴史・公民・時事問題のすべての分野に対し、お子さんの成績を上げるための攻略法をお話ししていきます。

４つめの原則である「親としての役割」が細かく書いてありますし、注意すべき部分や適切な手順も分かりやすく書いてあります。必ず実践していきましょう。

ここで、第2章に入る前に用意してもらいたいものがあります。何色でも構いませんので、蛍光マーカーを用意してください。そして、本書を読みながら、なるほどと思った部分や、今自分のお子さんに必要だと思った部分には、マーカーを引いていただき、必ず実践してみてください。

一つずつでも実践していけば、必ずやお子さんのプラスになるはずです。

第2章

地理を攻略する!

1．～地理の全体像を把握する～

この章からは、中学受験の社会の中で、地理・歴史・公民・時事問題という分野ごとにどのように攻略していけばよいのかをお話ししていきます。

順に読み進めていけば分かるようにしてありますが、この章以降の内容を読んでいただければ、中学受験の中で、社会という科目こそ、親の戦略が生かせる科目だということが驚くほど分かるかと思います。

まず、地理ですが、入試までに学習すべき基本単元は次ページの表にまとめてありますので、最初はこれらの単元をしっかりと学習していくことになります。一般的な大手進学塾では、４年生から地理をはじめて、５年生の夏までには地理を終えます。

なお、進学塾に通っている場合は、その塾オリジナルのテキストを使うことも大いにありますので、単元構成や授業で扱う順番は、すべてこの表通りというわけではありませんが、基本的な単元構成は同じになります。また、市販の参考書をお使いの場合も同

地理の学習単元一覧

白地図	日本の国土	日本列島	世界の中の日本の位置や、日本国内の地域区分・都道府県の位置などについて学習する。
		海岸線と湾・半島	日本の海岸と付近を流れる海流について学習する。
	日本の地形	山地・山脈と川・湖	おもな山地・山脈の名前と場所、おもな川・湖の名前と場所について学習する。
		平野・台地・盆地	おもな平野・台地・盆地の名前と場所について学習する。
基本単元	日本の気候	気候の特色と災害	日本の気候の特色や四季の変化の特色、地形による災害や気象による災害について学習する。
		気候区分	日本各地の気候グラフや気候区分の特色について学習する。
	日本の人口	人口の問題	日本の人口の将来や、人口分布について学習する。
	日本の農業	米の生産	米作りがさかんな地域はどんな地域かを理解し、生産を高める工夫やかかえている問題について学習する。
		畑作	おもな野菜・くだもの・豆類・いも類・茶などのおもな生産県や、抑制栽培・促成栽培のさかんな地域について学習する。
		畜産	牛やぶたなどを飼育する畜産の特色や、おもな家畜について、飼育頭数の最も多い都道府県はどこかなどを学習する。
		農業の特色と問題	せまい耕地、兼業農家の増加と農業の高齢化などの問題点や、日本の農業の特色について学習する。
		林業	日本の三大美林についてや、森林国の日本がなぜ木材の輸入をしなければならないのかなどについて学習する。
	日本の水産業	水産業の特色と問題	日本の水産業がさかんな理由、漁家のくらしや200海里問題について学習する。
		水産業の種類と漁場	水産業の種類、おもな漁場・漁港について学習する。
	日本の工業	工業の特色と問題	近代工業の特色である機械による大量生産や、分業・流れ作業・オートメーションによる生産方法についてなどを学習する。
		工業の種類	軽工業（せんい工業・食料品工業など）や重化学工業（機械工業・金属工業・化学工業）について学習する。
		工業地帯	阪神工業地帯・中京工業地帯・京浜工業地帯について学習する。
		工業地域	瀬戸内工業地域・東海工業地域・北陸工業地域・京葉工業地域・鹿島臨海工業地域について学習する。
		伝統工業	伝統工業による工芸品の工程や、地図上の位置を含めた産地などについて学習する。
		公害	四大公害病（水俣病・新潟水俣病・四日市ぜんそく・イタイイタイ病）の発生地と原因物質について学習する。
	貿易・資源	貿易	戦前・戦後の、それぞれの中心的な輸出入品や、おもな貿易国について学習する。
		エネルギー・資源	水力・火力・原子力発電のそれぞれの長所と短所や、地下資源・森資源・水資源の特色について学習する。
日本地理	日本の各地域	九州地方	九州地方の自然の特色や産業の特色、とくに自然と農業の結びつきについて学習する。
		中国地方	中国地方の自然の特色や産業の特色、日本海側と瀬戸内側の気候の違いや、瀬戸内工業地域の特色などについて学習する。
		四国地方	四国地方の自然の特色や産業の特色、とくに四国の農業（愛媛のみかんづくり・高知平野の野菜づくりなど）について学習する。
		近畿地方	近畿地方の自然の特色や産業の特色、阪神工業地帯のおもな工業、近畿地方のあゆみや今のようすなどについて学習する。
		中部地方	中部地方の自然の特色や産業の特色、3つの地域（北陸・中央高地・東海）の地形や気候の違いなどについて学習する。
		関東地方	関東地方の自然の特色や産業の特色、とくに日本の首都でもあり国際都市でもある東京についての現状などを学習する。
		東北地方	東北地方の自然の特色や産業の特色、とくに東北地方の地形や農業・水産業について学習する。
		北海道	北海道の自然の特色や産業の特色、とくに北海道の気候や畑作、酪農などについて学習する。

様です。

わたしは、毎年、首都圏の有名私立・国立中学校と首都圏以外の有名中学校の問題を実際に解いています。

そういったわたしの経験や分析、近年の傾向も踏まえ、地理をどのように学習していくのが最適なのか、その手順を話していきます。

2. ～社会の公式を覚える～

やはり、社会にも4年生から6年生までに共通する内容というものがあります。算数でいえば四則計算、国語でいえば漢字のようなものです。

そう、地理分野の中には、社会を学習していく上で、最優先に固めていただきたい、算数の公式ならぬ「社会の公式」というものが存在します。

しかし、毎年多くの受験生をみていると、社会を覚えていくときに、そういったものを知らずに、すべての単元を同じレベルで暗記しようとする生徒がいます。

これはいちばん危ないパターンです。

なぜかというと、**社会の中にも、暗記すべき重要度というものが当然存在しており、そういったものを最適化せずにやみくもに覚えていっても時間の浪費となってしまうからです。**

社会の公式を伝える前に、社会の公式をしっかりとおさえなかったため、なかなか成績が上がらなかった生徒のエピソードを先に紹介します。

【5年生の11月から中学受験を始めたため、大手進学塾では歴史の途中から授業を受け始めた生徒A君の話】

A君は、6年生の4月からわたしのライブ講義を受け始めたのですが、わたしの歴史の講義のときに行う確認テストでは、それなりの点数を取っていました。

しかし、塾で行っている公開模試では、毎回偏差値が40台前半でした。なかなか社会の成績が上がらないということで、8月の中旬でしたでしょうか、お母さんのほうから次のようなメールをもらいました。


息子の志望校では、4科目とも100点満点で、社会が100点のため、社会ができないと、他の受験生に差をつけられてしまいます。

実際、なかなか思うように社会の偏差値が伸びてこず、志望校に4科目の総合偏差値が足りず、とても困っています。先生、9月以降どのように勉強すればよいでしょうか。


何度かのメールのやり取りでその問題点は明確になりました。

彼は、**地理分野の都道府県の位置、山地・山脈・高地・山・川・平野・湖などの白地図がまったく頭にインプットできていなかったのです。**

つまり、5年生の11月から塾に通い始めたため、社会の地理分野の勉強の大前提が頭から抜け落ちていたのです。このような場合、特に6年生の後半になってくると、成績が伸び悩むケースがたいへんよくあります。

この事例に関連する例を一つあげてみましょう。

たとえば、歴史の中で覚えなければいけない部分には、こんな箇所があります。

●1858年に日米修好通商条約が結ばれ、横浜・長崎・箱館・新潟・兵庫の5港を開港することを約束した。

この箇所に関して、歴史分野だけに限定した問題であれば、こんな問題が出題されます。

■学習院中等科（東京） 2007年度社会の入試問題より

【問題】1855年、ハリスが駐日総領事として下田に来ました。ハリスはどうしても貿易に関する条約を結ぼうと活動しました。その結果、日米修好通商条約が結ばれ、下田の代わりに横浜・（　　　）・新潟・箱館・兵庫の5港を外国に開くことになりました。

【答え】長崎

どうでしょうか。この問題であれば、歴史の知識を頭に入れるだけで答えることができますよね。しかし、次のような問題が出題された場合はどうでしょうか。

【問題】日米修好通商条約が結ばれたことによって、開港が決まった港は地図上のどこにあたるか。すべて選び記号で答えなさい。

【答え】ウ・オ・カ・サ・セ
※各記号の地名をすべて分かっていることが、正しい解答を導く前提となる。

違いが分かりましたか？

そうなんです、こういったような問題を出されてしまうと、単に歴史分野だけの知識で終わらずに、**歴史の知識＋地理の都道府県の知識が必要になってくるのです。**

こうなると、いくら歴史の知識があったとしても、地理の都道府県の知識がないため、0点の可能性も出てしまいます。

A君の話に戻りますが、歴史も途中から習っていたのですが、マンガ「日本の歴史シリーズ」が大好きで、そういった背景もあり、歴史に関しては、抵抗なく、学習できていました（余談にはなりますが学習していく上で、お子さんに興味を持たせる一つのきっかけとしてマンガというのはたいへん結構なことです。歴史の流れを短時間で大づかみすることができ、しかもビジュアル付きなので記憶に残りやすいのです）。

しかし、問題は6年生になって、社会の範囲がなくなり、地理・歴史・公民のあらゆる部分が融合されたりするようなテストになったときです。

まだ、６年生の最初の時期は、地理の知識がほとんど必要ない部分で得点できていたため、偏差値もそこまで低く出ずに、なんとか上手く切り抜けてきたのですが、夏期講習あたりから、多くの問題で地理の知識が必要になったとき、はじめてその弱点が明確になったのです。

いかがでしょう。種を明かせば、ありがちな話に聞こえるかもしれません。

しかし、意外と受験生には陥りがちな事例なのです。

この事例からも分かるように、日本の都道府県と白地図を頭にインプットするのは、**「社会の公式」と呼ぶにふさわしいものです。**

この部分を読んだあなたは、今後、お子さんの社会の答案をみて、「ここは公式を覚えていないから解けないんでしょ」と当たり前になるくらいしっかりと認識してください。

社会の公式
すべての問題を解くために必要な知識
＝
日本の都道府県＆白地図《はくちず》をインプットすること

地理の勉強は、何よりもこれを最優先にして始めてください。

なお、都道府県を覚えるときは都道府県名・県庁所在地・位置だけでなく、都道府県の形も覚えてください。都道府県の形とは、47都道府県がばらばらに抜き出されても、形をみただけで分かるようにしておくことです。

この都道府県の形を覚えるときに役立つのが、「見立て法」というテクニックです。

これは、歴史の年号でいうところの「ゴロ合わせ」のようなものです。

どういうテクニックかといいますと、分かりにくい形を別の分かりやすいものに見立てて暗記するテクニックです。

たとえば、青森県はラクダの形、愛知県はクワガタの形、静岡県は金魚の形など、特徴的な形をあるものに見立てて覚えていけば、飛躍的に暗記の精度が上がります。もしも、都道府県の形が覚えづらいという子は、この方法で取り組んでみましょう。親御さんと一緒に何に似ているか、遊び感覚でやると効果的です。市販の参考書の中にも、身近なものに見立てて覚えることができるようなものもいくつかありますので、自分の覚えやすい方法で覚えてみましょう。

そして、実際の入試では、中学校の難易度に関係なく、次のような問題が頻繁に出題されます。

■ラ・サール中学（鹿児島）　２００６年度社会の入試問題より

【問題】近畿地方の県です。地図を上に示します。実線は海岸線、点線は県境、○は県庁所在地です。この都道府県名を答えなさい。

【答え】三重県

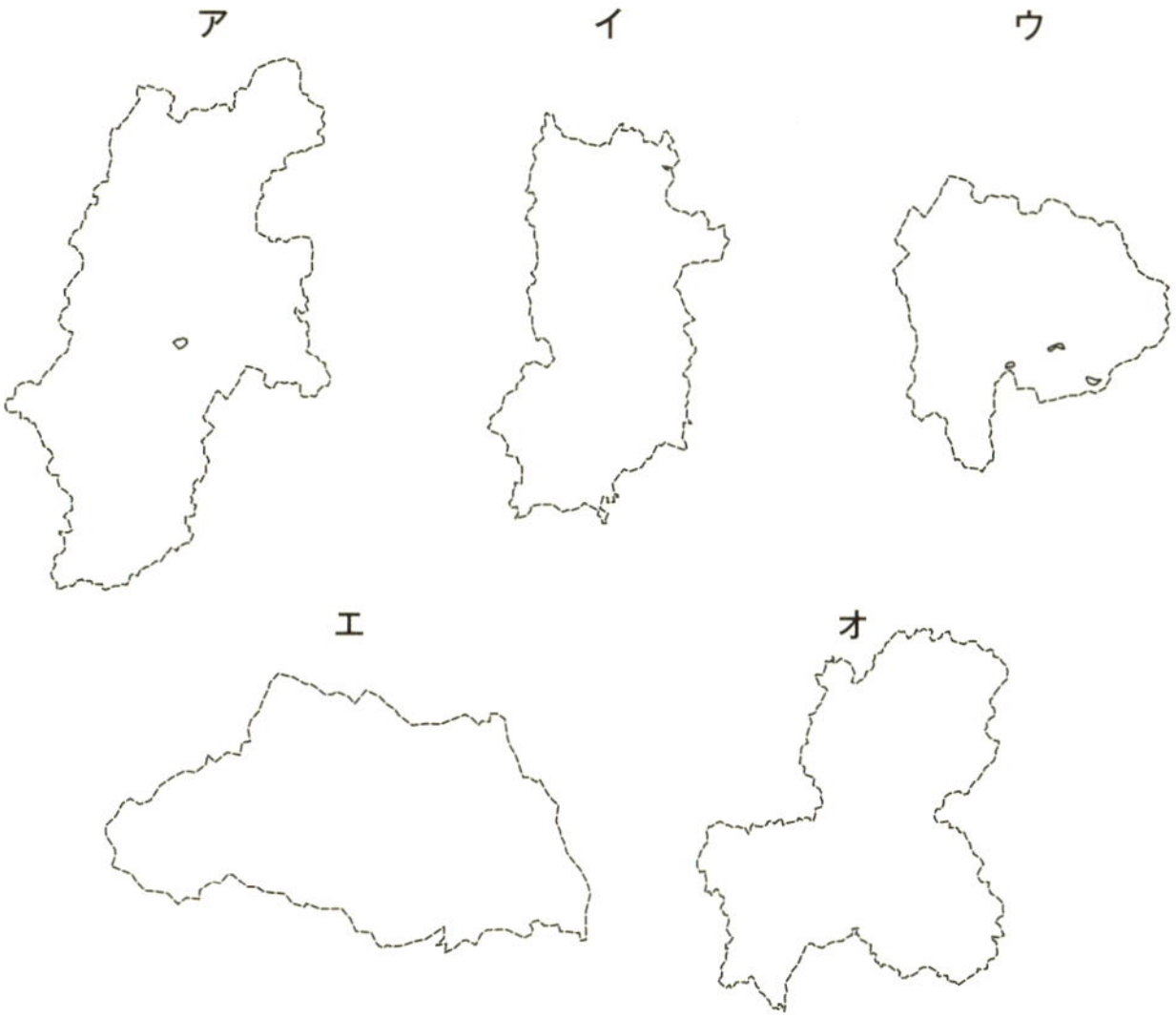

■西大和学園中学［県外］（奈良）　２０１０年度社会の入試問題より

【問題】奈良県の形をあらわしているものを次のア～オから１つ選び、記号で答えなさい。なお点線は県境をあらわしています。また、縮尺は同じではありません。

【答え】イ

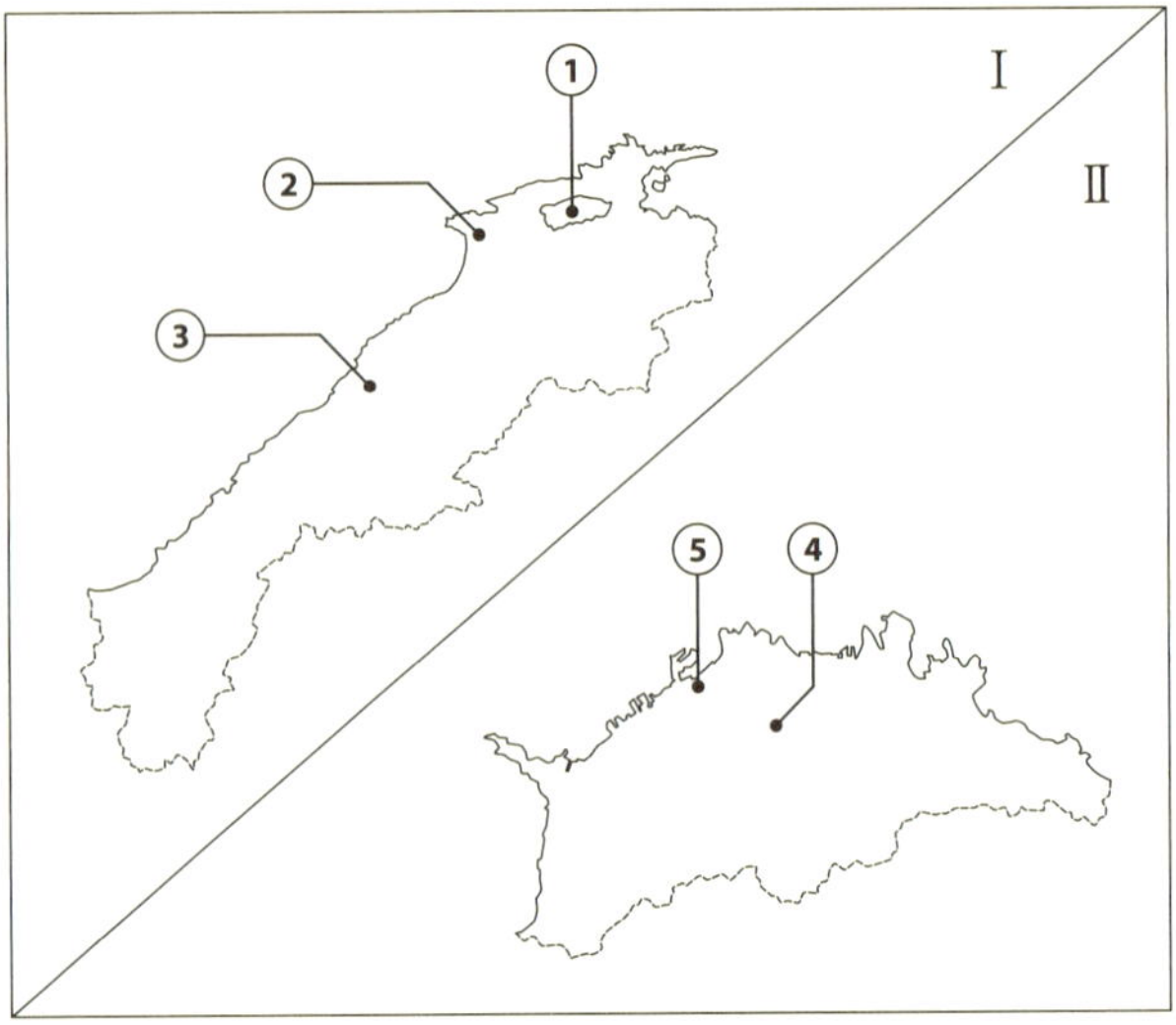

■江戸川女子中学（東京）
２０１０年度社会の入試問題より

【問題】【Ⅰ】【Ⅱ】の県の県庁所在地の都市名をそれぞれ漢字で答えよ。

【答え】【Ⅰ】松江市　【Ⅱ】高松市

※それぞれ、島根県、香川県が分かっていることが正しい解答を導く前提となる。

いかがですか。実際の入試問題をみて分かるように、**地理のいちばんはじめに覚える基本中の基本が、最終的な入試問題においても、頻繁に出題されるのです。**

このような問題で確実に得点するためにも、まずは都道府県の位置や形をしっかりと覚えましょう。市販の参考書にも、都道府県が抜き出し型になっていて、都道府県の形を当てはめて覚えていくパズルタイプのものや、自分で白地図をつくっていくタイプのものなどさまざまなタイプの教材があります。中には、低学年のうちからでも楽しみながら活用できるものもあります。

【**都道府県の位置や形を覚えるため**の市販のパズルや教材】

●くもんの日本地図パズル（くもん出版）

↓小さい子が楽しく遊びながらできるパズルタイプ

●ドラえもんの社会科おもしろ攻略　白地図レッスンノート（小学館）

↓都道府県の位置や形を暗記できるページの多い教材

いちばん使いやすそうなものを必要に応じて活用してみましょう。

日本の都道府県（県庁所在地・位置・形）をしっかりと覚えたら、次には白地図を覚える必要があります。

一般的に中学受験の社会において、白地図を覚えるというのは、、日本の山地・山脈・高地・山・川・平野・盆地・台地・半島・湾・湖・火山などの名称で重要なものを覚えることを指します。（白地図に都道府県の位置、形、県庁所在地の位置が含まれることもあります）

例えば、次の図は山地・山脈・高地の白地図になります。図の中の名称は、どれも入試に頻出のものばかりですので、まずはこれらをしっかりと覚えなければいけません。

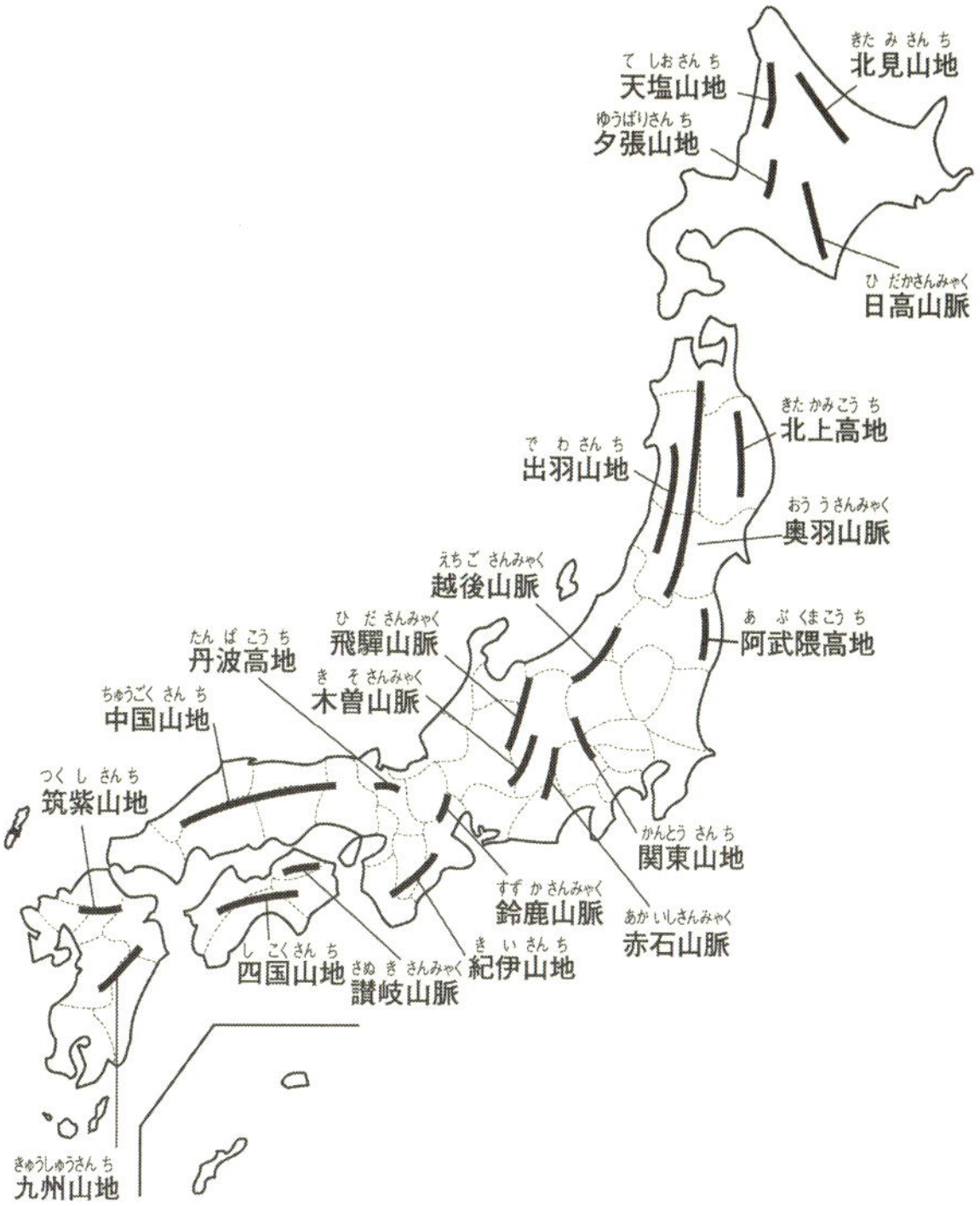

こういった白地図は、毎年入試問題でとてもよく出題される部分です。
出題のされ方はさまざまですが、二つほど例に出して説明します。

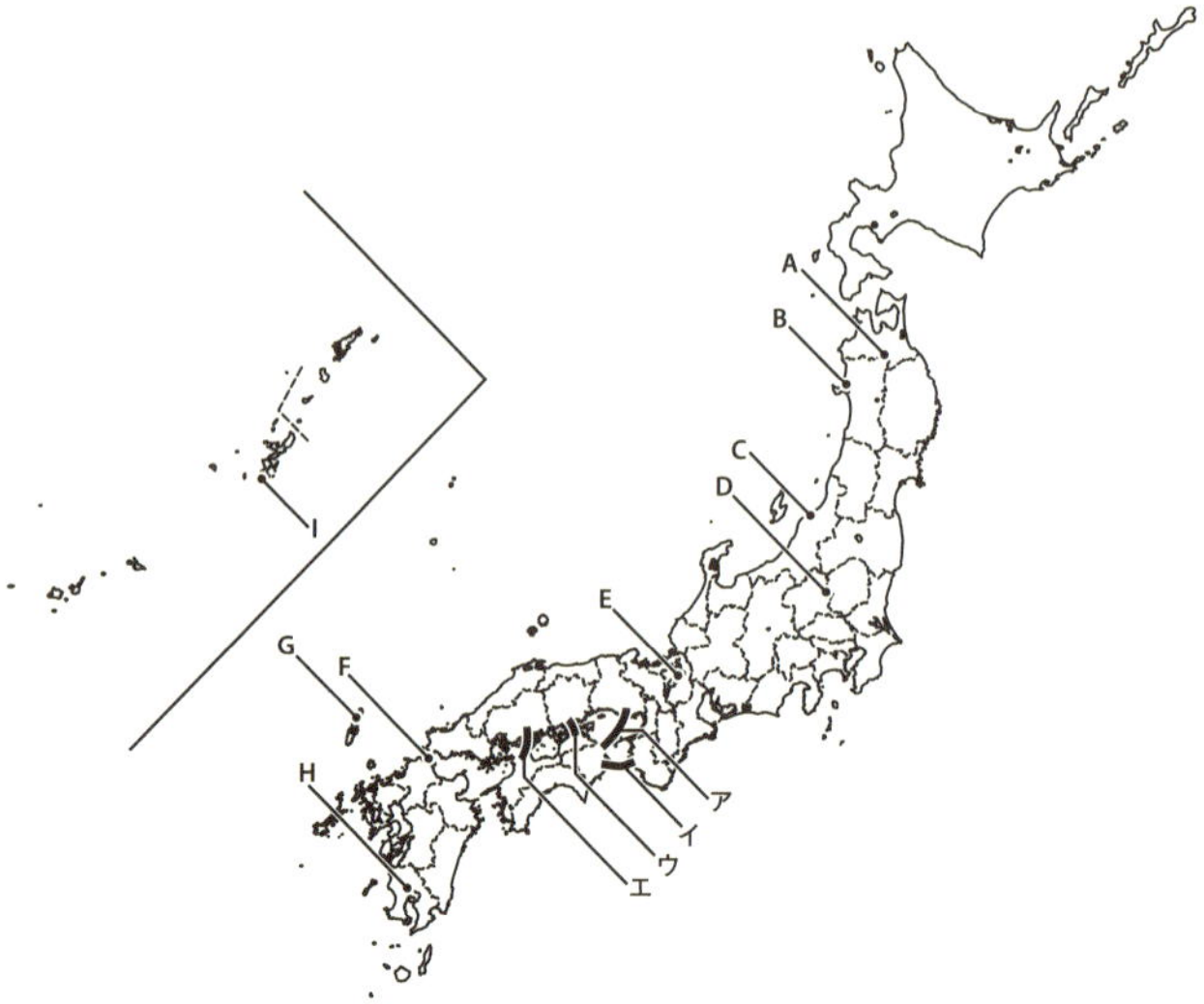

■成城中学（東京）　２００５年度社会の入試問題より

【問題】①A地点には、青森・秋田両県にまたがる国立公園がある。この２県にまたがる湖を漢字で答えなさい。②E地点の湖から流れる川は、海に注ぐとき何川と呼ばれているか、漢字で答えなさい。③F地点の海峡を何というか、漢字で答えなさい。

【答え】①十和田湖　②淀川　③関門海峡

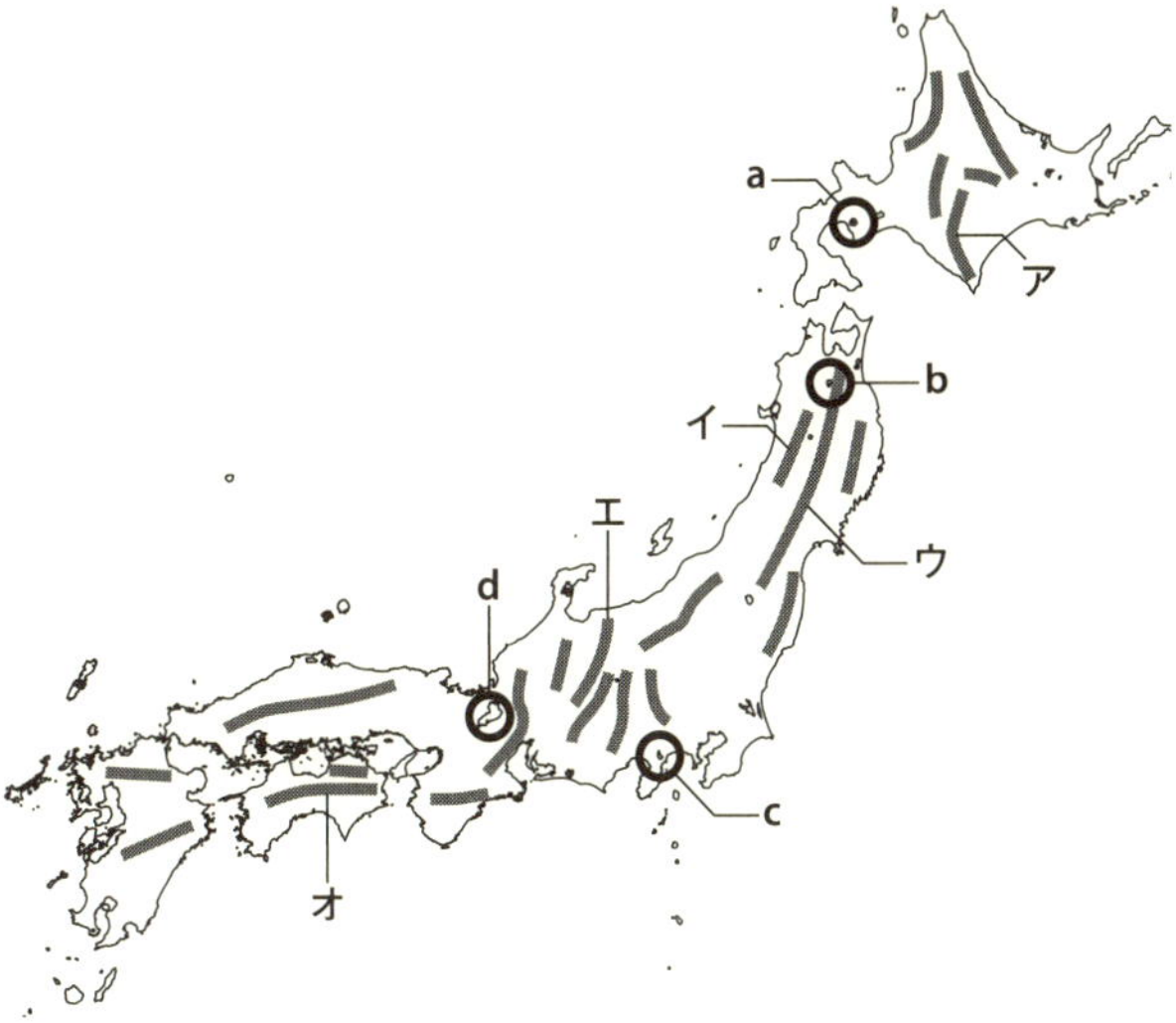

■早稲田実業学校中等部（東京）　２００９年度社会の入試問題より

【問題】ア～オの中から、火山を含まない山地・山脈を二つ選び、それぞれ記号と山地・山脈名を答えなさい。

【答え】ア日高山脈　オ四国山地

※ア～オの山地・山脈をすべて分かっていることが正しい解答を導く前提となる。

このように白地図というのは、覚えるときにエネルギーを使いますが、早めに仕上げておくことにこそ価値がある、とても大切な部分なのです。

そして、それがそのまま入試本番の得点へつながるのです。

なお、白地図を覚えていくときには市販のものにも活用できるものがありますので、何点か紹介します。

【白地図を覚えるための市販の参考書や教材**】**

●中学受験ズバピタ社会地理白地図・グラフ　改訂新版（文英堂）

●白地図作業ノート　改訂新版（みくに出版）

日本の都道府県（県庁所在地・位置・形）と白地図を覚えることこそ、社会の根幹になってきます。

そして、これは歴史を習うときにも公民を習うときにも同じように必要な知識です。

「えっ、**歴史はともかくとして、公民まで関係あるの？**」

と思ったかもしれませんが、たとえば公民でも、実際にこのような問題が出題されています。

●1997年に温暖化に関する会議が行われた場所を次の地図上から選びなさい。
↓京都を地図上から選ばせました。

●2008年にサミットが開催された場所を次の地図上から選びなさい。
↓北海道の洞爺湖を地図上から選ばせました。

このように、実際の入試問題をみても分かるように、公民だけで完結した知識ではなく、今回お話ししている**社会の公式（日本の都道府県&白地図）＋公民分野の知識が必要な問題**となってきます。

ですから、まず最初に社会の公式を頭に入れておくことが必須になります。

そうしておくことで、実際の問題を解くときに役立つ上に、知識の理解にもたいへん効果的な役割を持ってきます。

それ以上に、地理、歴史、公民を学習していく上で、学習理解を深めるためにも、都道府県の位置は絶対に覚えておかなければいけないものなのです。

たとえば、「京都から鎌倉に政治の中心が移った」という文章を読んだとします。このとき、正確な地図の情報が頭にあるのとないのとではまったく知識の理解が変わってきます。当然、地図があるほうが、頭の中の地図で「位置づけ」がされるので、より記憶に残りやすいのです。これをただ言葉だけで覚えるのは難しい作業です。

次に、「日本の都道府県&白地図」の覚えておくべきものを一覧にしてあります。すべての項目で必ずチェックをつけて、まずはじめに覚えておきましょう。

■社会の公式（社会を学習する上で、必ず役立ちます）

（完璧になった段階で、チェックをつけて一つずつ確実にしておきましょう）

□1. 日本の都道府県の県庁所在地と位置
□2. 日本の都道府県の形
□3. 日本の山地・山脈・高地
□4. 日本の山・火山
□5. 日本の平野
□6. 日本の盆地・台地
□7. 日本の川・湖
□8. 日本の半島・湾

※3～8に関しては、細かく覚えると、膨大な量になります。まずは、塾のテキストや市販の参考書の中にあるもので、重要と書いてあるものを覚えてみましょう。

3. ～地理の基本単元を覚える～

社会の公式ともいうべき内容を頭に入れましたら、次は基本単元に入っていきます。

この基本単元では、地理の中で大切なことを学んでいきます。

たとえば、気候グラフを覚えたり、日本の人口について学んだり、工業地帯を一つずつみていったりといろいろな知識を覚えていきます（詳しい単元構成は、53ページの一覧表で確認しておいてください）。

なお、基本的な単元で、たとえば農業、水産業という単元では次のような内容を暗記しなければいけません。

農業という単元で学習する内容

現在の日本の農家の特色

・専業農家よりも兼業農家の数が増え、農家の8割を超える

・委託農業による請負耕作の増加

土地改良

（干拓）浅い海に堤防を築いて内側の水を干し上げる方法

岡山県の児島湾や九州の有明海でさかん
他にも秋田県の八郎潟が有名
（開墾）北海道の根釧《こんせん》台地では、パイロットファームがさかんである

水産業という単元で学習する内容

水産物の輸入……日本は水産物の消費量が多く、世界でもとびぬけて第1位の水産物輸入国となっている

日本で水産業がさかんな理由
東シナ海……深さ200mまでの浅い大陸棚が広がり、大陸棚には魚のえさになるプランクトンが多く、魚が多い
バンク……大陸棚にみられる浅い部分で魚があつまりやすい

これらの単元をみていくと、農業、水産業の単元の両方ともに、都道府県名や、海の

名前、海岸の名前などが出てきます。

ですので、地理の基本単元を学んでいく上では、社会の公式である「日本の都道府県&白地図」がしっかりとインプットできていないと、この基本単元での理解がどうしても浅くなってしまいます。

つまり、八郎潟では干拓が有名だと分かっていても、その八郎潟の位置が分かっていなければ、単に「八郎潟では干拓が有名」というフレーズを呪文のように覚えるだけになってしまうのです。

そうではなく、八郎潟は秋田県のこのあたりだという白地図での理解の上で、この場所では干拓が有名だと覚えるほうが間違いなく記憶に残りやすくなります。

よって、

1　社会の公式として、すべての問題を解くために必要な知識

＝

「日本の都道府県&白地図」を覚える

2　基本単元である、農業・水産業・工業などを学習していく
という手順を踏まないと学習効果はありません。

なお、この基本単元の中で覚えなければいけない部分は本当にたくさんあり、今回紹介した農業、水産業の中の学習内容もほんの一部に過ぎません。農業という単元だけでも、ここで紹介した内容の何倍も覚えることがあるのです（単元に関しては、53ページの単元一覧表をもう一度みてみましょう）。

ですから、「日本の都道府県&白地図」を覚えた上で、この基本単元をどれだけ効率よく、正確に学習できるかが大きなポイントにもなってきます。

4.～地理の頻出ランキングを覚える～

地理の中の基本単元に続いている内容になりますが、基本単元を進めていくと、**ラン**

キングと呼ばれる順位を覚えなければいけない箇所が多数存在します。

たとえば、以下のようなものがランキングと呼ばれるものになります。

〜都道府県関連〜

●人口が多い（少ない）都道府県　ベスト5

●面積が広い（せまい）都道府県　ベスト5

●人口密度が高い（低い）都道府県　ベスト5

〜野菜のとれ高関連〜

●はくさいの生産高　ベスト3

●じゃがいもの生産高　ベスト3

●なすの生産高　ベスト3

〜果物のとれ高関連〜

●みかんの生産高　ベスト3

●りんごの生産高　ベスト3
●ぶどうの生産高　ベスト3

〜畜産関連〜
●乳牛の生産高　ベスト3
●肉牛の生産高　ベスト3
●ぶたの生産高　ベスト3

〜工業地帯・工業地域〜
●各工業地帯の項目ランキング

もちろん、これらはほんの一部ですが、このように細かい覚えるべき部分が存在します。

なお、中学受験の社会に関して、内容に詳しい方から、まだ全然知らない親御さんまで誰が読んでも分かるよう書いておきますが、ランキングを覚えるというのは、何も地理の中に「地理に関するあらゆるランキングを覚えよう」という単元があり、人口から農作物、果物ランキングなどをいきなりすべて覚えるわけではありません。

地理を順番に学習していく中で、たとえば工業なら工業、農業なら農業の中に、ランキングを覚えなければいけない箇所が多数存在するという意味です。

たとえば、農業という単元では、日本の農家の特色や食料自給率、日本の稲作や畑作という項目がある中で、キャベツの生産高の上位3県を覚える、ピーマンの生産高の上位3県を覚えるというように、ランキングを覚えなければいけない要素も含まれているのです。

同じように、水産業の中には、日本の水産業の漁獲量や輸入、漁場や漁港、水産業の種類などといった暗記項目があり、その中で世界の漁獲量のランキングを覚えたりするのです。

ですから、ランキングだけを覚えればよいのではなく、それ以外にたとえば、農業という単元では促成栽培・抑制栽培・近郊農業など覚えなければいけないキーワードは多々あります。その点を注意してください。

そして、ランキングを攻略していく上で、注意すべき点が二つほどあります。

【注意すべき点　その1】
ガムシャラ暗記型で無駄なエネルギーを使わない!!

いちばん効率の悪い方法は、**すべてのランキングを隅から隅まで覚えてしまおうとすることなのです。**これほど非効率なことはありません。

たとえば、りんごの生産高のベスト1は、青森県であることは有名です。

そして、次に生産高の多い2位には長野県がきています。

当然、このように、1位と2位がはっきりしているものに関する知識であれば、入試問題でも重要かつ基本事項として出題されます。

■同志社中学（京都）　２０１０年度社会の入試問題より
【問題】２００８年の日本における米の収かく量の多い都道府県から順にならべた時、正しいものをつぎの①〜④から選びなさい。
①　新潟・秋田・山形・北海道　②　北海道・新潟・秋田・福島
③　新潟・富山・山形・宮城　④　北海道・秋田・新潟・長野
【答え】②
※この問題は、米の生産高の１位が北海道、２位が新潟県であることが分かっていれば、すぐに答えを導ける。逆にそれが分かっていないと解けない。

ところが、「米の生産高全国５位の都道府県はどこですか？」という問題は今までみたことがありません。そしておそらく、今後もみることはないでしょう。

ただし、ランキング表の中の情報として入っている場合はあるかもしれません。その場合でも、米の生産高全国5位の都道府県がピンポイントで分からなければ解けないケースはまずないでしょう。

この事例からも分かるように、覚えるときにも、よくよく考えれば当たり前なのですが、**優先順位を意識しながら入試に出やすい部分を優先的に覚えていくことが大切なのです。**

ランキングでいうと、入試には出題されやすい法則があります。

野菜・果物ランキングを覚えるときの秘訣を紹介します。

【パターン1】 1位が圧倒的な生産量を持っており、2位との生産量の割合が30%以上開いている場合は、断トツランキングとして、とにかく1位の都道府県を覚える。

（例）うめの生産量　1位　和歌山県（約60%）　2位　群馬県（約6%）

たまねぎの生産量　1位　北海道（約56%）　2位　佐賀県（約13%）

【パターン2】1位が圧倒的な生産量を持っており、2位との生産量の割合が10％以上30％未満開いている場合は、2位で判断できるようにする。

（例）ぶどうの生産量　1位　山梨県（約24％）　2位　長野県（約13％）

このように、1位と2位の生産量の割合が10％以上30％未満開いている場合は、1位と2位の都道府県を覚えることがとても大切です。

【パターン3】パターン1・パターン2に当てはまらない場合は、まず3位までを確実に覚える。

つまり、この野菜であれば3位まで、この果物であれば2位までなど、種類によって、色分けをして覚えることが重要です。

ここでも一つ、事例をあげましょう。

わたしは全国のいろいろな塾の生徒の親御さんと接する機会がありますので、さまざまな話が耳に入るのですが、進学塾の中には、ガムシャラ暗記型で、ランキング一覧表のプリントを配ってすべてのランキングをとにかく覚えさせ続ける塾も実際には存在します。

そんなことをさせる塾があるのかと思いきや、本当にあるのです。

しかし、よくよく考えてみてください。

毎月月謝をもらい、塾に来ていただき、社会の授業を行うのですから、すべての項目のランキング表を配り、

「この野菜・果物ランキング表の1位から5位までを来週までにすべて暗記してくるように。来週確認テストをするから」

と言うのは、単なる社会科講師の怠慢に過ぎません。

もちろん、教える立場は非常に楽です。

すべてのランキングをささっと集めて、それを生徒に配ればよい話だからです。

ですが、それでは、暗記が得意な子、暗記がなかなかスムーズにいかない子で、知識の定着に差が出てくるのは当然ですし、とてもじゃないですが、指導と呼べるものではありません。

本来、講師のほうが毎年の入試問題を自分自身で分析し、入試に出やすい優先順位をつけて教えてあげるべきものなのです。

わたし自身も、毎年首都圏を中心とする200校以上の入試問題をすべて解き、最新の傾向を常に分析した上で、このランキングに関しては指導しています。

また、内容の補足になりますが、わたしがいっているのは「すべてのランキングをいっさい覚えなくてよい」という話ではありません。

もちろん、中学校によっては、他の中学にはとうてい出ないような重箱の隅をつつく問題も中にはあります。

ですから、覚えなくてもよいというのではなく、**まず最優先に覚えなければいけない事項を整理し、優先順位をつけて覚えましょう**ということです。

【注意すべき点　その2】
古い情報のまま、入試本番を迎えるな!!

ランキングというのは、毎年変わる可能性があるため、たとえば4年生のときに習った情報と5年生のときに習った情報が違うといったケースが少なからずあります。

そのため、はっきりとした方法は分からないものの、自分のお子さんが6年生になったときに、**古い情報のまま、入試本番を迎えさせないよう**意識をしている親御さんは多いと思います。

この部分に関しても、他にはっきりと書いてある本がありませんので、ここでわたしが詳しく触れておきます。

まず、ランキングの変動ですが、基本的に1年ごとに、かなりの内容が変わるのかと聞かれれば、そんなことはありません。

ランキングのジャンルにもよりますが、ほとんどは大幅な入れ替わりもなく、進んでいきます（ただし、果物の生産量の割合が25・1%→25・3%のような1%未満の微減・微増は頻繁にあります。それがランキングの変動まで影響しないということです）。

ですが、中には出題される問題の答えが違ってきてしまうような大きな順位変更もあります。

たとえば、次のようなケースです。

●2006年に、みかんの生産高ランキングで1位・2位だった和歌山県と愛媛県の順位が逆転した。

これは、1位と2位が逆転し、しかも今まで1位が固定的だったため、必ず知識の再インプットが必要になってきます。

ですから、特にあなたのお子さんが6年生になったときは、そういった大きな変動が起こっていないかどうか、必ずチェックして入試本番に臨みましょう。

5. ～地理には避けられない問題の色あせ～

ランキングの攻略法に合わせて、ここで触れておきたいもう一つのお話があります。それは、自分の使っている参考書・問題集、そして、志望校の入試問題の過去問の地理分野からの出題問題に関して、情報が古くなってしまうという可能性です。

◆自分の使っている参考書・問題集に掲載されている情報が古いのではないか？

可能性としては大いにあります。大手進学塾に通っており、社会のテキストがその塾オリジナルであれば、テキストの古い部分に追加情報をしっかりと入れてあったり、補足事項という形でプリントや授業中にフォローしてくれるものもあります。

また市販の参考書でも、たとえば、日能研の『社会メモリーチェック』のように、毎年改訂されているものもあるかと思います。

しかし中には、いっさい改訂が行われておらず、データが発売時のままの古いものも多数存在します。

社会の場合、古いデータで覚えてしまうと、新しいものをみたときに、なかなか記憶が上書きできなかったり、模試などの緊張したシチュエーションでは、混乱してしまい、間違えてしまったりすることもありますので、なるべく新しい情報のものを活用してもらいたいと思います。

どのように市販の参考書や問題集を選んだらよいか、そのコツを教えます。

この方法は、わたし自身が大きな書店に行き、社会関連の参考書をみたりするときに必ず実行していることです（わたし自身も、指導の中に生かせる部分はないかとヒントを求め、書店に行くことも多々あります）。

市販の参考書・問題集を選ぶときの3ヵ条

1　参考書・問題集のタイトルに、●●年改訂版や●●年資料改訂などの記載がある、毎年更新されている形跡のあるもの

←　タイトルに入れてあるということは、当然毎年変えてある可能性が高いです。

2　本の巻末部分に記載されている初版発行日を確認する

←　その本がいちばん最近いつ発売されたかが分かります。初版発行日から、何度も重版がかかっている場合は、内容も最新のものに変えてある可能性もあります。改訂という文字がどこかにあると、より一層可能性は高くなります。

3　中身の部分で、資料やランキング系の図が掲載されている箇所を探す

←

おそらく、この方法がいちばん確実です。資料や統計データの図の中には、右隅や左隅などにこのような出典の記載があります。

『日本のすがた２０１０』、『日本国勢図会２０１０／１１』

この年度の部分が、最近であればあるほど、この資料や統計データは新しいということです。できる限り新しいものを選ぶことをお勧めします。

逆に、もしもこの年度の部分があまりにも今現在から離れている場合、その本は発売してから、一度も資料改訂を行っていない可能性が非常に高いです。

市販の参考書・問題集を選ぶときは、この3つの点を意識して選んでみましょう。

アマゾンや楽天などのインターネットストアから購入する場合は難しいので、書店に足を運んでしっかりと吟味した上で選んでみましょう。

また、親御さんが不安に思うことの中に、**お子さんの志望校で過去に出題された地理のデータが古いのではないか？**　というのもあるのではないでしょうか。

これに関しては、講師によって言っているアドバイスが変わってきます。

講師の中には、親御さん向けのアドバイスで、地理の過去問はデータが古くなっているので解かなくてよいといったように、他の講師が言わないようなことをいかにも裏技的、テクニック的に話す方もいるのですが、それは単に目新しいことを言って、相手の注目を引こうとしているだけです。

そういった話を鵜呑みにせず、過去問の中で、地理の分野もしっかりと解いて、どの程度の定着度か必ず確認しましょう。

わたしの考えとしては、過去問は志望校で実際に出た問題なので、傾向をつかむという点に重きを置き、普通にすべて解くことをお勧めします。

その上で、おかしいと思う部分があれば、その部分をちゃんと調べてみましょう。

6. ～地理の日本地理を攻略する～

さて、ここまでの内容を簡単におさらいしておきます。

地理の中では、社会の公式（日本の都道府県〈県庁所在地・位置・形〉&白地図）をまず最優先に学んだ上で、農業・水産業・工業などの基本単元を学習していくという形になります。この各単元のいたるところにランキングが入っており、暗記の中で、ランキングを攻略するのがポイントということです。

そして、地理分野の最後に学ぶのが、日本地理という単元です。

これは、地理の総合分野とも呼ばれる単元となってきます。

日本地理は、九州地方・中国地方・四国地方・近畿地方・中部地方・関東地方・東北地方・北海道に分けて学んでいきます。

日本地理【中国・四国地方】という単元で学習する内容

◆自然の特色

山陰……中国地方の中央部に中国山地、その西はしにはカルスト地形で知られる秋吉台がある

瀬戸内……吉井川・高梁川・旭川下流に岡山平野、太田川下流に広島平野、北四国には讃岐平野がある

◆農業

・鳥取県で日本なしの栽培がさかん

・鳥取県の砂丘で畑作

・岡山県で、ももや、ぶどうなど多角的な農業

・愛媛県はみかんの生産がさかん

・高知平野で野菜の促成栽培がさかん

◆水産業

山陰……日本海は良い漁場で、島根県の浜田、鳥取県の境港などに大きな港がある

瀬戸内……瀬戸内海や宇和海で真珠やえびの養殖・栽培漁業がさかん
南四国……日本海流（黒潮）の流れる太平洋でかつお・まぐろなどの遠洋漁業がさかん

◆工業
瀬戸内工業地域……自動車・車両などの機械工業、鉄鋼業、石油化学工業が発達
工業都市……広島（自動車）、呉（造船）、倉敷（石油化学）

日本地理という単元では、このような内容を学習していきます。

ただし、ここで知っておいていただきたいことがあります。

中国・四国地方の学習内容をみて、気づかれた方もいるかと思いますが、この日本地理という単元は、一から新しいことを学んでいくのかというと、実はそうではないのです。


この単元は、今まで覚えてきた都道府県や白地図、農業、水産業や工業などの基本的な知識をつなげたり、その知識にプラスアルファをしていく単元なのです。

もっと分かりやすく例をあげてみましょう。
たとえば、先ほど例に出した中国・四国地方の中には、このような内容があります。
●高知平野で野菜の促成栽培
●広島では自動車工業がさかん

一見、農業分野、工業分野というういろいろな単元の内容を覚えなければいけないと思ったかもしれません。
しかし、覚えるべき項目を分解すると、
【日本地理の「中国・四国地方」という**新しい単元で習う内容**】
●高知平野で野菜の促成栽培
●広島では自動車工業がさかん
↓
【農業という基本単元で**すでに習っている内容**】高知平野で野菜の促成栽培がさかん
【工業という基本単元で**すでに習っている内容**】広島では自動車工業がさかん

に変えることができます。

つまり、日本地理は、今までに学び終えた白地図や農業、水産業、工業などを地方ごとに学習する総まとめ単元なのです。

実際の出題例をみてみましょう。

■慶應義塾湘南藤沢中等部（神奈川） 2008年度社会の入試問題より

【問題文】北海道の農業は広い農地で大規模な農産物の栽培が行われています。北海道の気候や土地の条件にあわせて作物が工夫されています。(1)

水産業も主要な産業ですが周辺の国との取り決めによって、漁業の方法は変化しています。(2)また、水産資源を守るために、生まれた川に戻ってくる習性を持つ魚である（あ）の稚魚を計画的に放流するとりくみも行われています。

北海道は石炭の産地でした。現在は特産物を利用した工業や、交通手段の発達によって新たな工業が行われています。(3)

【設問】
傍線部（1）の部分から、農業に関する出題
傍線部（2）の部分から、水産業に関する出題
傍線部（3）の部分から、工業に関する出題

この事例からも分かるのですが、入試問題として出題する場合、日本地理は、出題する側にとってもたいへん都合のよい分野です。

わたし自身も問題作成などをしているので、入試担当者の気持ちが痛いほど分かるのですが、**日本地理は、白地図や都道府県、人口や農業、水産業、工業などいろいろな単元が織り交ぜてある単元なので、生徒の学力をバランスよく見抜くことができるのです。**

もっといえば、入試問題の大問一つ分の問題をとてもつくりやすい単元なのです。

そして、その大問の中に、白地図や都道府県、農業、水産業、工業などさまざまな要素をつめこむことができるのです。

ここで、日本地理に関連した実際にあった事例を紹介します。

過去問の中の日本地理で苦戦していて、なかなか点数が伸びてこないケースです。

それに加え、間違えた見直し方法を行っているため、さらなる悪循環に陥ってしまっている例です。

【エピソード】過去問を解いていても、いっこうに地理で得点できない
小学6年生T君　10月の時点　社会の偏差値46

社会の過去問を解かせても、絶対に落としてはいけない易しい問題でT君は、×が多くついていました。そういった生徒の多くは、その場では正しい解答を書いて「次は間違えないようにする」といっているのですが、類題が出た場合、同じように間違えます。

T君も例外なく、そのケースでした。

過去問を解くたびに、間違えた地理の問題を覚えていくのですが、過去問で間違えた地理の問題は、日本地理で、どこかの地方がクローズアップされ、まるまる大問1問分が、総合問題として出題されるため、単元の順番もバラバラです。
その間違えた部分だけを再度暗記しているだけにしていました。

この方法は致命的に間違った対応です。

なぜなら、部分部分を単発で覚えても、流れもつながりもなく、作業効率が非常に悪くなってしまうからです。

たとえば、地理の中で、工業という単元で、瀬戸内工業地域を覚えなければいけない箇所があります。
その上で、次のような例をあげてみます。

（具体例）10月1日　過去問にて

日本地理の問題で、
●宇部市でさかんな工業は何か？
という問題を鉄鋼業と間違える（正しい答えは、セメント業）。

そして、間違い直しの時間を取って、「宇部市でさかんな工業はセメント業」だと、ちゃんと間違い直しを行うのですが、ここに重大な問題点がありました。

そもそも、問題形式は日本地理の形式であるが、

では、工業という基本単元までさかのぼった場合、「広島市でさかんな工業＝自動車」が問われた場合、正しく解答できるのか？
もっといえば、山口県宇部市の位置がちゃんと分かっているのか？ 地図上から選ばせるような問題形式で、宇部市の位置を聞かれた場合は正解できるのか？

という潜在的な問題点があるのです。

6年生の後半期から、社会の得点が伸び悩む一つのケースが、まず間違いなくこのパターンです。

そういうお子さんほど、日本地理の部分に時間を割いて覚えようとするのですが、**日本の都道府県&白地図→基本単元→日本地理という正しい手順を踏んでいないため、非効率に暗記しているだけになってしまいます。**

この状態を放っておくと、いちばん望ましくないことが起きてしまいます。

そう、**苦手意識の芽生え**です。

地理分野で、苦手意識を持つ生徒の多くは、この日本地理に入った段階で、苦手意識を持ってしまい、混乱してしまうケースがとても多いのです。

結局、正しい手順が分からないため、ガムシャラ型の暗記になってしまい、時間をかけてもなかなかテストの点数が伸びません。

ちょっとでも問題形式を変えられるととたんに得点できなくなる、もっと悪化してしまえば、自分は社会が苦手なんだという「苦手意識」を持ってしまうといった負のスパイラルに陥ってしまうのです。

つまり、整理しますと、

1　社会の公式として、日本の都道府県&白地図を徹底的に暗記する

↓

2　農業・水産業・工業などの基本単元を学んでいく。その中でもランキングに関する部分は情報を整理して効率よく覚える

↓

3　日本地理の単元で今まで習った知識を地方ごとにつなげていき、プラスアルファをしてしっかりと総合的な地理の力を完成させる

という正しい流れがあるのです（細かい単元構成についてはもう一度、53ページの表で確認してみましょう）。

この順番通りに効率よく暗記していけば、間違いなく地理の成績は上がっていきます。

やはり、正しい順序で暗記していくことこそ、一番効率のよい方法です。

逆にこのような順番で覚えていかないと、いくらガムシャラ型暗記を行っても、頭の中で、正しく情報整理されないため、なかなか思ったような点数には届きません。

ですので、1→2の流れで学習した上で、最終的には日本地理の総合問題で定着度をはかってみましょう。

そこで、もしも問題を間違えた場合、その一問だけうっかり抜けているのであれば問題ありません。しかし、その一問に関係する部分の基本から抜けている場合は、もう一度その単元まで戻り、再インプットを行いましょう。

7. ～地形図問題と世界地理～

地理を学習していく上で、塾によって習う生徒と習わない生徒がいたり、知識の量が偏ってしまうのが、**地形図問題と世界地理**、この二つの単元です。

どういうことかといいますと、入試に出題してくる中学と、そうでない中学があり、地理の他の単元に比べれば、基本単元には分類されないため、塾によってはさらっと終わらせてしまったり、扱わなかったりと分かれてしまいます。

参考書によっても、詳しく取り扱っているところもあれば、そこにはほとんど触れていない参考書もある単元なのです。

ですが、必要になる、必要にならない、をどのように見分ければよいのかお伝えします。

この判断基準は、あなたのお子さんの志望校になりそうな中学の過去問をみて、出題されているかどうかです。

結局、必要か必要でないかの判断は、受験する中学によって変わってしまうからです。

まずは、**直近3年分の社会の過去問**を用意し、確認してみてください。

そこで毎年のように出題されている場合、別途対策を立てましょう。

これから、地形図問題・世界地理の攻略法を一つずつ、順番に説明していきます。

■地形図問題を攻略する

地形図問題では、主に図の中の地図記号が何を示しているかや、等高線・等圧線の読み取り、縮尺の計算などが問われます。

これに関しては、志望校で、直近3年以内に出題されている場合は、必ず対策をしておきましょう。

なお、地形図の縮尺問題は、中学校によっては、大問一つ分を使い、出題してくる中学もあるので、生徒によっては必ず得点源にしなければいけません。

ここで、実際に出題された問題を例に出して説明します。

■豊島岡女子学園中学（東京）

２００９年度社会の入試問題より

【問題】次の地図は、２万５千分の１地形図「比良山」の一部分（ほぼ縮尺どおり）で、地図中の湖は琵琶湖です。この地図中の（イ）「おうみまいこ」駅から（ウ）「ひら」駅まではおよそ何キロメートルになりますか。次から選び番号で答えなさい。

①２Ｋｍ　②６Ｋｍ　③10Ｋｍ　④16Ｋｍ　⑤20Ｋｍ

【答え】①

この問題は、問題文中に「2万5千分の1」と書いてあるので、非常に簡単な計算問題であり、むしろ算数でいうと、小学4年生、5年生程度の計算で済む問題です。しかし、意外にもこの地図計算の苦手な生徒が近年急増しています。

このような地形図問題は、算数で出題されれば、すぐに答えまで導けて、確実に得点できると感じる内容なのに、社会の地形図の計算問題として出ると、苦手意識を持ってしまい、とたんに正答率が落ちてしまう類の問題なのです。

手順はいたって簡単で3つのステップで解きます。

1　まず、地図上で、だいたい何センチかを測る。
2　そのセンチに縮尺2万5000か5万のどちらかをかける。
※地図中か問題文中に書いてあることが多いです。今回の問題は問題文に2万5000と書いてあります。
3　最後に単位のセンチを直す。

※多くの問題の場合、最終的に求められる単位はキロメートルなので、センチ→キロに直しましょう。

たったこれだけのことなのですが、苦戦している生徒が多くいます。

特に単位を直すところでつまずく生徒が多いです。

この地形図に絡ませて実際の距離を導くタイプの問題は、地形図の出る中学校では同じような問題も出ますので、そういった問題をみつけて実践をさせてください。

中学受験の算数は本当に難しく、特に6年生になると、かなり高いレベルまで求められます。それを考えると、社会の縮尺の問題は、解く方法を知っているかどうかと、慣れだけです。難易度からすると、絶対に落としてはいけないものばかりです。

算数に比べたら……と思い、社会の地形図問題の苦手意識を早めになくしておきましょう。

■世界地理を攻略する

世界地理に関しても、ここをまずおさえれば大丈夫という線引きがありません。
たとえば、中学校によっては、ヨーロッパが白地図で出題され、「地図上でイギリスはどこか、記号を選びなさい」というものもあれば、「フランスの農業で有名な果実を答えなさい」というように農業の特色を聞かれることもあります。

入試が近づき、過去問を実際に解いて手ごたえを確かめるようになると、やはり世界地理が出題される中学に対しては、その扱いに関して悩まれる親御さんは増えるでしょう。

そして、自分のお子さんの成績が合格、不合格のボーダーライン上であればあるほど、この世界地理を好む中学校が第一志望の場合、何とかその部分で1点でも2点でも多く得点できるようにと、その対策方法を知りたがるのです。

この部分に関しては、中学校によって傾向があまりに違ってしまうため、一律に同じようなアドバイスが難しいのです。

たとえば、世界の人口の多い国のランキングという部分、この部分は世界地理の中でもそこそこ出題されますので、暗記しておきましょうとアドバイスはできます。
しかし中学校によっては、次のような問題も出題されます。

■女子学院中学（東京） 2010年度社会の入試問題より

【問題】サウジアラビアの人々は、イスラム教と深く関わる様々な決まりを守って生活しています。この様々な決まりについて、ア～オから間違っているものをすべて選び、記号で答えなさい。

ア 1年に1回、「断食月」といって、日中はものを食べない月がある
イ 豚の肉を食べてはいけない
ウ お酒は夜の間に限って、飲むことをみとめられている
エ 1日5回、聖地メッカに向かってお祈りをする
オ 大人の男性は、黒い布で体全体をおおい、肌を見せないようにしている

【答え】ウ・オ

この女子学院中学の問題をみて分かるように、この問題をどうやったら得点できますかと聞かれれば、確実にこうしたら大丈夫というアドバイスはとても難しいのです。

正直、そういった世界地理の問題は、学校説明会で入試担当者が、たとえば、「世界三大宗教の習慣を出題します」といったように、ピンポイントで公表していれば、予想することはできるのですが、そうでない限り、なかなか難しいのです。

しかし、だから対策を取る必要がないとはいいません。

いちばん大切なことは、志望校の過去問をしっかりと分析する。

そして、毎年出題されているのであれば、それは世界地理を出題してくるんだと再認識して、別途対策を取りましょう。

まず、志望校の過去問の分析時期ですが、志望校が早めに固まっていれば問題ないのですが、多くの場合、4年生のとき、5年生のとき、6年生のときで志望校は変わってきます。

実際にオープンスクールなどで学校を見学しに行ったり、文化祭に行ったりすることで変化してくるケースも大いにありますし、6年生の9月から本格的な志望校対策を始める段階で、いまの自分の成績をみて判断することも多いでしょう。

ですから、そこまで早い時期から焦らなくても大丈夫です。

実際の分析は、6年生の9月以降に志望校が固まり出したあたりから始めてください。その中で、志望校の特徴をつかんでいきましょう。

次は、過去問を分析した結果、世界地理が毎年出題されている場合です。

世界地理を出題してくるんだと再認識して、別途対策を取る必要があります。

まず、世界地理の中で、志望校ではどういった内容が出題されているのかを整理しておきましょう。

主に世界地理の中で、いちばん問われやすいのが、**「時差の計算」「国の位置」「国の形」**です。この3つは世界地理を学ぶ上で、おさえておくべきポイントです。

さらにそれに続いて、人口や面積・首都・気候・習慣・宗教・工業・農業・水産業なども出題されることがあります。

これらのジャンルの中で、どのジャンルが出題されているのかもう一段階の分析をしてみましょう。この分析の結果、ある特定のジャンルからの出題が多い場合は、そのジャンルの対策を必ずしておきましょう。

もしも、あらゆるジャンルから毎年、それなりの問題数が出題されている場合、全体的に世界地理の対策をする必要があります。

対策方法として、塾のカリキュラム内でまかなえないのかと思う方もいますが、これは塾によって対策をしてくれる量や程度が変わってきてしまうので、一概にはいえませんが、一般的には、思っているほどの対策をしてくれません。

その場合は、書店に足を運び、自分の必要としている世界地理の内容が収録された参考書を選びましょう。参考書を選ぶ場合の注意点ですが、中を確認せずに選んでしまうと、世界地理が1ページも入っていないものもあります。

そうならないように、必ずおさえておきたい世界地理の程度を把握した上で、選んでみましょう（たとえば、ヨーロッパの地図で、イギリスの位置が過去に出題されたのならば、世界の主要国の位置を覚えることができるような参考書）。

ただし、中学校によっては、毎年アメリカ関連の世界地理が必ず出ているといったような確実な傾向がなく、単発の問題で1～2問程度の世界地理の問題が出る場合もあります。

このように、出題される頻度が少なく、1～2問程度であるならば、**逆に「捨てる戦略」ということも考えてみてください。**

もちろん、すべての問題を得点できるようにすることはありません。

しかし、すべての項目に同じだけのエネルギーを費やすことほど、非効率なこともないのです。

結局、世界地理の問題を仮に1問落としても、他の重要な問題をもう1問でも得点できれば、得点は同じだということです。

図表3　K君の志望校別　世界地理の出題傾向

	2008	2009	2010
慶應義塾普通部	○	×	×
青山学院中等部	×	×	×
暁星中学	×	×	×

以前に、世界地理対策ノートといったものまで用意して、世界各国のデータをこと細かに書き記した自家製ノートをつくっている受験生K君がいました。

K君の希望する中学校は慶應義塾普通部・青山学院中等部・暁星中学の3校だったのですが、これらの中学の傾向を分析すれば、図表3のような傾向だと分かりました。

つまり、世界地理が出る中学は、慶應義塾普通部の1校だけで、その1校でしかも2～3問程度、場合によっては出ない年すらありました。

この場合、世界地理に重きを置くことは、社会の戦略として適切なものではありません。

勘違いしないでいただきたいのは、その意欲を否定しているのではありません。**しかし、中学受験という一つの枠組みでとらえてみてください。**その上で、中学受験で行きたい志望校があり、そこに合格するという目標があった場合は、1～2問程度しか出ない世界地理に興味を持ち、その部分を覚えていくことは、**適切な戦略とはいえないのです。**

案の定、そういった生徒に限って、基本事項の確認テストで、太平洋ベルト地帯の「太」の字を「大」に漢字間違えしていたりするのです（実際にあったケースです。もちろん得点は与えられません）。

そうであるならば、そのエネルギーを社会の中でも入試に出題されやすい部分から順番に覚えていくことが最優先であり、適切な戦略なのです。

この「捨てる戦略」というのは何も世界地理に限らず、他の分野単元、他の科目にも**応用のできる考え方**です。

では、世界地理に関してまとめましょう。

まず、いちばん大切なことは、志望校が決まった段階で過去問をしっかりと分析する。そして、毎年出題されているのであれば、世界地理を出題してくるんだと再認識して、世界地理の出題傾向を再分析し、ジャンル別に分けて対策する。

もしも、1~2問程度の問題が数年に1回程度、もしくはまったく出題されない場合は、「捨てる戦略」を視野に入れる。

その場合は世界地理よりも、地理の中の重要な単元や日本地理をしっかりとインプットし、その部分で1点でも多く得点することを優先しましょう。

まとめ　～地理を攻略する～

□地理を踏まえた社会の公式を理解できましたか？
□社会の基本単元が理解できましたか？
□地理のランキング攻略は理解できましたか？
□地理のランキングに関して注意すべき2点を理解しましたか？
□日本地理という総合単元を理解できましたか？
□地形図問題を理解できましたか？
□世界地理を理解できましたか？

第3章

歴史を攻略する！

1.～歴史の全体像を把握する～

この章では、社会の中で、歴史をどのように攻略していけばよいのかをお話ししていきます。さらには、歴史の戦略に合わせて、受験生が陥りやすいミスや、なかなか成績が上がらない事例、暗記のテクニックなども交えてお話ししていきます。

まず、歴史ですが、主に出る分野は次ページの表にまとめてありますので、まずはこれらの単元をしっかりと学習していくことになります。一般的な大手進学塾では、5年生の秋から歴史をはじめて、6年生の春には終えます。

なお、地理と同じ話になりますが、進学塾に通っている場合は、その塾オリジナルのテキストを使うことも大いにあります。

単元構成や授業で扱う順番は、すべてこの表通りというわけではありませんが、基本的な単元構成は同じになります。

また、市販の参考書をお使いの場合も同様です。

歴史の学習単元一覧

旧石器時代	旧石器時代の石器にはどのようなものがあるのか。 また、遺跡にはどのようなものがあるのかを学習する。
縄文時代	縄文時代の人々は、どのような道具を使い、どんなくらしをしていたかについて学習する。
弥生時代	米作りが本格化した弥生時代にはどんな道具が使われたのか。 また、米作りの本格化は日本社会をどのように変化させたかについて学習する。
古墳時代	古墳の種類や、古墳の出土品にはどのようなものがあるのか。 また、古墳時代に渡来人が伝えた技術や文化にはどのようなものがあるのかについて学習する。
飛鳥時代	聖徳太子はどんな新しい政治を進め、日本をどのような国にしようとしたのか。また、大化の改新は、いつ・誰が中心となって進められ、どのような新しい政治の方針が示されたかについて学習する。
奈良時代	平城京がつくられた時期はいつか。また、聖武天皇は仏教の力で国を治めるためどんなことをしたか。遣唐使などによって中国からどのような文化を取り入れたかなどを学習する。
平安時代	平安京に移ってから、藤原氏はどのように勢いを伸ばしたか。また、藤原氏が最も栄えたのは、いつごろで、だれのときか。国風文化とはどのような文化なのか。また、12 世紀の半ばすぎ、武士として最初に政権をにぎったのはだれかなどについて学習する。
鎌倉時代	源頼朝は武士の政治のしくみをどのように整えたのか。また、源頼朝と御家人が結んだ御恩と奉公の主従関係とはどのようなものなのか。源頼朝の死後、北条氏は執権として、鎌倉幕府の政治をどのように進めたか。また、鎌倉時代の農民の暮らしや文化はどのようだったかなどについて学習する。
室町時代	室町幕府は、いつごろ、どのようにつくられ、3代将軍足利義満・8代将軍足利義政はそれぞれどんなことをした人かについてなどを学習する。
安土桃山時代	織田信長はどのように天下統一への道を歩んだか。豊臣秀吉は、どのようにして天下統一をなしとげたのかについて学習する。また、信長と秀吉の時代には、どのような文化が発達したかについて学習する。
江戸時代	徳川家康はどのように江戸幕府をひらいたのか。また、江戸幕府のしくみはどのようなものであったか。徳川家光・綱吉・吉宗はどのような政治を行ったのか。江戸時代の文化と学問にはどのようなものがあったのか。江戸幕府はなぜ倒れたかなどについて学習する。
明治時代	明治政府はどんな政治のめやすをたてたのか。日本の議会政治はどのように発達したか。また、日清・日露戦争はなぜ起こったのか。明治時代の学問・文学・美術の代表的な業績や作品は何かなどについて学習する。
大正時代	第一次世界大戦はどのような戦争だったのか。第一次世界大戦後、日本の経済はどのような状態になったか。また、大正時代には、どのような文化が広まったかなどについて学習する。
昭和時代	第二次世界大戦はどのようにして始まったか。また、太平洋戦争の間、国民はどのような生活を送ったか。太平洋戦争後、日本の改革はどのように進められたか、第二次世界大戦後、世界のようすはどうなったかなどについて学習する。
平成時代	日本はどのようにして産業が発達していったのか。また、現代の世界や日本は、どのように動いているかについて学習する。

2.〜歴史の中でいちばん大切な要素とは〜

まず、歴史分野は、大きく分けると、次の二つに分けることができます。

●**政治史**……その時代ごとに有力者（天皇・将軍など）を覚え、その有力者がつくった法律や、争いや戦争、その背景を学んだり、外国との外交を学んでいく

●**文化史**……その時代ごとの建築物や、書物、絵画を学んだり、農業や商業などの産業を学んでいく

ここからは、「**政治史**」を学習するときのポイントをお話ししていきます。

何といっても歴史を攻略するためには、「政治史」をおさえなければなりません。

そのために必要な手順を順番に紹介していきます。

歴史を学んでいく上で、いちばん大切なことは何だと思いますか？

図表4　進学塾の歴史のカリキュラム例

1週め	室町時代①　～南北朝時代と室町幕府～
2週め	室町時代②　～応仁の乱と室町幕府の滅亡～
3週め	安土桃山時代①　～織田信長と豊臣秀吉～
4週め	安土桃山時代②　～朝鮮出兵と桃山文化～
5週め	江戸時代①　～徳川の幕藩体制～

これは、先に正解をお話ししますね。

ズバリ、「歴史の流れ」をつかむことです。

この流れを意識しながら学習しなければいけないのですが、ほとんどの受験生は、この「流れ」という部分に重きを置くような学習ができません。

どういうことか、塾に通っている場合のケースに合わせてお話ししましょう。

一般的な進学塾では、当然社会のカリキュラムが決まっており、図表4のような流れになっています。

そして、授業の中では、小テストをはさんだり、問題演習を行ったりもしますし、宿題も当然ありますので、その確認なども入れると、1週間の授業でできることは限られています。

しかも、毎日社会の授業があるわけではなく、ほとんどの塾が社会の授業は週に1回ですので、次回の授業まで1週間空くと、非常にテンポが悪く流れがつかみにくい授業となってしまうのです。

この傾向は、学校の授業ではもっと顕著にあらわれてきます。なぜなら、1年間かけて旧石器時代から現代まで進めていくからです。

その結果、どういう現象が起こるかといいますと、**江戸時代に入るころには、室町時代、鎌倉時代、もっといえば、それよりも前の弥生時代、縄文時代のことをすっかり忘れているのです。**

つまり、あまりにも長い期間、時間をかけて歴史を学ぶため、どうしても生徒の頭に入ってくる内容がブツ切りとなってしまうのです。

びっくりするかもしれませんが、6年生で一度は習ったはずの歴史の復習をすると、鎌倉時代と室町時代の順番が逆になっている生徒もいるくらいです。まさにブツ切り授業の欠点ですね。しかし、これは塾の性質上、どうしようもない部分です。

実際、中学受験生の学習量というのは、想像以上です。

しかも、社会だけならまだしも、同時並行で国語・算数・理科も学んでいくのです。

さらにいえば、毎週のように確認テストや、膨大な量の宿題、定期的に行われる公開模試の勉強などいろいろな負荷がかかっています。

そういったブツ切り授業の欠点により、歴史の点数が伸び悩むケースも多数みてきました。実際に親御さんからいただいたご相談を一つ紹介します。

しかも、一人や二人ではなく、信じられないほど多くの方が悩んでいる典型的事例の一つです。

～事例　歴史の後半部分になると、点数が伸びない～

小学5年生のときは、歴史の点数もそれなりに良かったのに、習う範囲が広くなって

くると、少しずつ混乱してきました。

そろそろ6年生にもなるし、対策が必要だと感じたため、近代史に入ったころに、試しに昔のテキストをひっぱり出してきました。

その中に基礎事項として書いてあった縄文時代・弥生時代などの簡単な問題を問いかけたところ、ほとんど何も覚えていませんでした。

わたしのほうも慌ててしまい、何からどう手をつけてよいか分かりません。

しかも、追い打ちをかけるように毎週の確認テストや、模試などもあります。

使える時間が本当に限られています。最優先にすべきことを教えていただきたく思います。


同じようなことをあなたのお子さんにしてみた場合、もしかすると、同じ現象に陥っているか、もしくは、これから陥る可能性も十分にあるのです。

しかし、適切な方法で学習していけば、この現象を避けることは可能です。

そして、細かいチェックはできないにしても、これから紹介する方法は、少ない時間で、お子さんの歴史の定着度、流れの理解を親御さんがチェックできる方法です。

ぜひとも試していただき、同じような失敗をしないように、この悩みに陥った受験生を軌道修正してきた適切な方法をここで紹介します。

3．〜歴史の定着度をチェックしてみる〜

どの程度歴史の流れが頭に入っているのか、これからその手順を説明していきます。

［手順　その1］

まずは、全体の時代の流れを再確認する。

↓

旧石器時代・縄文時代・弥生時代・古墳時代・飛鳥時代・奈良時代・平安時代・鎌倉時代・室町時代・安土桃山時代・江戸時代・明治時代・大正時代・昭和時代・平成時代（現代）

この時代の順番を間違えずに正しく言えるかどうか、まずそこからチェックしてみてください。

なお、一般的に通塾している6年生の場合は、6年生の前半までに歴史を終えている生徒が多いため、問題ありませんが、まだ歴史の範囲をすべて終えていない場合は、現時点で習っている時代までのチェックをしてみてください。

確認できましたか？

実は、この［手順その1］で紹介した「時代の順番を正確に覚えているかどうか」をチェックしたことがある親御さんは一定数いるのです。なんとなく、流れが大切なのは分かっているのでしょう。

しかし、これを確認するだけでは十分とはいえません。むしろ、ここからが重要です。

［手順　その2］

今度は、その時代ごとに（流れを意識させながら）、どういった有力者（天皇・将軍

など）や、どういった政治や法律、どういった外交があったか、漠然とでも構いませんので、お子さんに問いかけて、説明をしてもらう。

【質問の仕方】
○○時代って、どんな時代かな？
お母さん（お父さん）に説明してくれる？
※歴史好きのお父さんは出番ですね。

このお子さんに自分の言葉で説明してもらうという部分こそが、とても重要なのです。

○○時代を説明しなさいという抽象的な質問は、お子さんの脳をたいへんに刺激します。その質問をすることで、今までお子さんの中で、

鎌倉時代

＝

源頼朝・承久の乱・北条政子・後鳥羽上皇・御成敗式目・元寇・北条時宗・徳政令

などのキーワードレベルでインプットされていた知識の引き出しが、フル活動して、頭の中で歴史のストーリーを組み立てるからです。

これこそが、「流れ」であり、歴史のもっとも大切な部分なのです。

今回の鎌倉時代の例でいえば、お子さんの解答としては、次のような大まかな流れが分かっていれば、よいのです。

【鎌倉時代の流れ】

源頼朝により、鎌倉幕府がつくられた。

↓

源頼朝の死後には、将軍の補佐役として北条家による執権政治が行われた。

←後鳥羽上皇らが幕府打倒のため起こした承久の乱は、結果としては幕府が朝廷に勝利し、後鳥羽上皇は隠岐に流された。

←2度にわたる元寇があったが、元の侵攻を阻止した。

←外国を相手にした防衛戦であったため、この戦いによって実質的に獲得したものは何もなく、御家人への恩賞の支払いが少なかったため、徳政令を発布した。

この質問をすることで、お子さんの現在の状態を3つのパターンに分けることができます。

【パターン1】ある程度の流れやキーワードが問題なく頭に入っている

←この場合は、安心してよいでしょう。こういうしっかりした土台があれば、土台の上に細かい知識もスムーズに入りやすくなるのです。

【パターン2】キーワードレベルで間違えながらも、なんとか全体的には大まかな流れが言える

↓

この場合は、大まかな流れが言えていますので、問題ありません。

時代の流れという土台の部分をもう一度しっかりと固めたあと、キーワードレベルのチェックを行っていきましょう。

【パターン3】考えてみるものの、具体的なキーワードが1~2個ぽつぽつ出るくらい、場合によっては何も出てこない、またはまったく別の時代のキーワードが出てくる

↓

このタイプがいちばん危険ですね。この場合は、頭をいったんリセットし、もう一度全体の流れを理解し直しましょう。その上で、その時代時代の重要キーワードの暗記というレベルまで戻り、しっかりと幹の土台をつくっていきましょう。

ここで、よくある失敗パターンを紹介します。
たとえば、鎌倉時代を例に出してみます。

【鎌倉時代の学習内容】
政治史
・**源頼朝**が鎌倉幕府を開いた
・土地を仲立ちとした**御恩と奉公**の関係
文化史
《軍記物》**平家物語**　《彫刻》**東大寺南大門・金剛力士像**
《武士の生活やくらし》犬追物や笠がけ、やぶさめ

塾のテキストや市販の参考書などで学習していく場合、この鎌倉時代に書かれているキーワードを同じエネルギーで覚えようとします。
つまり、**社会の成績が伸びない生徒の多くは**、**テキストの中で重要としてある部分**

と、そうでない部分（この場合ですと、黒の太字ではないキーワード）などの内容をすべて同じように読んで、覚えようとするのです。

これでは、同じ時間を使っても効果的な勉強法とはいえません。

6年生になり、実際の入試問題を解くようになるともっと分かるのですが、**やはり圧倒的に試験に出題されやすい部分、そうでない部分という明確な区分けがある**のです。

ですから、まずは、**木でいうところの幹（時代の流れをおさえる上で、重要なキーワード）・枝（それに合わせておさえておきたい部分）・葉（本当に細かい部分）という3段階の優先順位をつけて、その順番に覚えていってほしい**のです。

参考書の選び方に関しては、第1章に書きましたので、そちらをもう一度ご確認いただければと思いますが、ここでいう3段階の優先順位というのは、参考書によって記載の仕方が異なります。たとえば、

［パターン1］幹の部分→赤色で記載　枝の部分→黒の太字　葉の部分→通常の文字
［パターン2］幹の部分→ポイントマークがついている　枝の部分→赤の文字　葉の部分→通常の文字

このように、テキスト、参考書ごとに重要度のルールは違ってきます。これは参考書を使うときのポイントにもなるのですが、**その参考書がキーワードの優先順位をどのように区別しているのか**を使い始める前に知っておきましょう（参考書の中には、冒頭のページで、この参考書の使い方というページがあり、説明しているものも多数あります）。

なお、親御さんから相談を受ける中で、「他の塾の先生や、家庭教師の先生、あるいは他の受験本から『社会は暗記だけでは対応できません』と言われ、暗記が大切だと思っていたのでショックを受けております。この点に関して野村先生はどうお考えでしょうか？」と質問されることがあるのですが、この手の話を鵜呑みにしないでください。

はっきりいって、「社会は暗記が命」です。

こういった時代ごとにどういった特徴があるのか説明させる場合でも、結局のところ、まずは重要なキーワードをしっかりと暗記できているかどうかにかかっているのです。

最初のうちは、時間がかかってもよいので、このように時代の特徴をなんとか説明できるようなキーワードレベルの暗記を行いましょう。

■時代の変わり目は特に注意する

時代の変わり目を学習するときに、注意しなければいけない点があります。

たとえば、今回の例に出した鎌倉時代を説明してもらったとします。

そうすると、もちろん返ってくる答えは、「鎌倉時代は、このような時代である」という内容で完結すると思いますが、ここに落とし穴があります。

「ブッ切り授業」の弊害として、お子さんが時代ごとのつながりを意識せず、一つの時代で完結して覚えてしまい、**「時代の変わり目を意識できていない」**のです。

もっといえば、時代ごとには流れをつかんでいても、時代の変わり目の部分がブッ切りの「切れ目」になっていて、時代の転換点の「流れ」をつかめていないことがあるのです。ですが、**時代の変わり目は、どの時代にも必ず大きな出来事が起こっている**のです。

ですから、少しずつ慣れてきた段階で、鎌倉時代を説明してもらったあとにはその流れで室町時代を説明してもらい、その時代の転換点も上手に聞きだしてみてください。

たとえば、鎌倉時代の終わりは、後醍醐天皇と足利尊氏・新田義貞などが北条一族を滅ぼし、鎌倉幕府は滅亡した。その結果、後醍醐天皇が実権を握り、その後、足利尊氏が京都に幕府を置いて、室町時代となった。

という流れがあります。こうやって、時代と時代をつないでいき、さらに「歴史の流れ」を意識させることもより大切です。

すべての学習に当てはまることですが、こういった時代を一つずつ説明させることは親としてもとても根気のいる作業です。最初は一つの時代、その流れで次の時代というように、一つ一つ積み重ねていき、最終的には大きな流れを持った歴史にしていきましょう。そうやって段階的にステップアップさせていくべきなのです。

ですから、今回の例でいえば、まず、鎌倉時代を説明してもらい、それで上手く説明できたら、今度は鎌倉時代の終わりから室町時代の流れをひととおりというように、時代時代でブツ切りにならないよう意識しながら歴史をつなげていくことが大切です。

その上で、歴史という全体像の重要キーワードをおさえ、流れがしっかりと頭に入った段階で、次に細かい知識を肉付けしていく方法を取りましょう。

4. ～時代の流れの中に、ピンポイントの年号を入れる～

さあ、年号と聞くと、誰もがたいへん興味のあるお話ではないでしょうか。

歴史＝「年号」という部分は切っても切り離せない存在です。

この内容は、前項の「歴史の流れをつかむ」という内容から続いていますので、必ず前項の内容を踏まえた上で、読み進めてください。

重要なキーワードをおさえた上で、大まかな時代ごとの流れが言えるようになったかどうかを実践していただき、そのあとに、必ず行っていただきたいことがあります。

それは、「キーワードと年号はセットでおさえておく」ことです。

たとえば、鎌倉時代の内容がある程度頭の中で整理できるようになってきた段階で、その整理を**ワンランク上の状態で整理してほしい**のです。

つまり、重要なキーワード（出来事）に対しては、**必ず、年号とセットで暗記しておいてほしいのです。**

そのように暗記することで、さらに流れの理解・知識の定着が深まり、実際の問題を解く上でも、格段に正解率はあがっていきます。

１３４ページの流れは、年号を特に意識せずに、大まかな時代の流れを中心に書きましたが、それに対し、以下の部分では、年号がピタッと暗記できている場合の流れになります。

比較してみましょう。

↓

１１８５年、源頼朝により、鎌倉幕府がつくられた。（※諸説あり）

源頼朝の死後には、将軍の補佐役として北条家による執権政治が行われた。
↓
後鳥羽上皇らが幕府打倒のため起こした**１２２１年**の承久の乱は、結果としては幕府が朝廷に勝利し、後鳥羽上皇は隠岐に流された。
↓
１２７４年・１２８１年の２度にわたる元寇があったが、元の侵攻を阻止した。
↓
外国を相手にした防衛戦であったため、この戦いによって実質的に獲得したものは何もなく、御家人への恩賞の支払いが少なかったため、**１２９７年**に徳政令を発布した。

いかがでしょうか。年号を入れることで、知識がよりレベルアップしたのが分かりましたか？

このように、キーワードと年号をセットで覚えておくと、**漠然とした知識がさらにきれいに整理されます。**

さらには、並び替え問題などの出題形式にも対応できる土台ができてきます。

実際にも、このような入試問題が出題されています。

■東京都市大学付属中学（東京） ２００６年度社会の入試問題より

【問題】「鎌倉時代」のできごとを年代順に並べた場合、３番目にあたるものを答えなさい。

ア　御成敗式目が制定された　イ　２回にわたり元軍が襲来した

ウ　永仁の徳政令が出された　エ　後鳥羽上皇が承久の乱をおこした

【答え】イ

ぜひ、時代の流れを意識して覚えていく中で、あわせて年号をしっかりと頭に入れておきましょう。

特に、時代ごとの始まりと終わり、たとえば、

●鎌倉時代は１１８５年に源頼朝が鎌倉幕府を開いた（※諸説あり）ことから、時代が始まり、１３３３年に後醍醐天皇と足利尊氏によって、鎌倉幕府が滅亡した。

●室町幕府は１３３６年に足利尊氏が京都に幕府を置いてスタートし、１５７３年に織田信長が15代将軍足利義昭を追放し、室町幕府を滅亡させた。

というように、時代の始まりと終わりは特に意識しておさえておきましょう。

5．～年号を覚えるときは、ゴロ合わせを活用する～

ここで、年号を暗記していく上で、ぜひとも活用していただきたい方法があります。

そう、歴史の年号を学習していく上で、とても役立つテクニック、

「ゴロ合わせ」です。

これに関しては、講師によって賛否両論の、なかなか奥の深いテクニックです。以前、生徒の保護者から、こんな相談が寄せられたことがあります。

わたしの息子は、都内の個別指導塾に通っています。その塾長自ら指導していただいており、４科目ともその先生にみていただいています。

今回、ご相談したいことは、社会のことです。

息子は、社会の歴史が苦手で、いまいち成績も良くありません。四谷大塚の模試でも、歴史の簡単な並び替え問題ですら、得点できません。

わたし自身は大学受験のときに、日本史のゴロ合わせなどを自分で考えたりした経験もあり、なんとなく、ゴロ合わせとかも取り入れて指導いただけないかと思い、模試のあとに行われた面談の際、思い切って、「ゴロ合わせとかも息子が覚えやすいかもしれませんので、よければ教えてみてください」と言いました。すると、その塾長は急に怪《け》

訝《げん》な顔つきになり、このように言われました。

「年号をゴロ合わせで覚えるということは、しっかりと歴史の勉強を意味を持って行えば、いっさいする必要はない。歴史には、必ず意味があり、そう学ぶものだ。たとえば１１５６年には保元の乱が起きた。その３年後に平治の乱が起きた。だから、１１５６年……保元の乱、その３年後に平治の乱というように頭に入っていれば、何もゴロに頼らずとも並び替え問題は対応できます。わたしの指導法に任せてください」

いかがでしょうか。実は、指導法に関して自分の指導法にこだわっている先生は、意外と多く存在し、ゴロで覚えることに対して、抵抗感のある先生は一定数存在していきます。

歴史を高尚なものと考え、「ゴロ合わせ」のような少しゲーム性のある勉強法を邪道と思っているようです。

このメールも、相談いただいた内容そのままですが、これに似た相談は少なからずあるのです。

しかし、本書は、中学受験の社会でいかに点数を上げていくかという点にこだわっていますので、最短距離で点数を上げていくために、**ズバリ、歴史の年号は、積極的にゴロ合わせを使いましょう。**

省エネできますから、どんどん覚えていってください。

わたしが長年生徒をみていて、いつも惜しいなと感じていたことの一つに、多くの受験生が歴史の年号を覚えるときに、とにかくガムシャラ型勉強法でやみくもに数字や出来事を、時間をかけて結びつけていたことでした。

しかしわたしは、『ゴロ将軍』というゴロ合わせのＣＤをプロデュースするほど、「ゴロ合わせ派」です。

ゴロ合わせの一番のメリットは、**「脳に記憶が印象付けられる」＝「忘れにくい」**という点です。

どうやっても、ガムシャラに覚えるよりも格段に記憶に残りやすいのです。

歴史の年号は、覚えるべき出来事の年号や時代が近かったりすると、出来事と年号が混乱するお子さんがとても多いのをこれまでわたしは数多くみてきました。

たとえば、603年の冠位十二階、604年の十七条の憲法、607年の遣隋使派遣などもその最たる例です。これを、一つ一つガムシャラに暗記するには、あまりにも負担が大きすぎます。

ただし、入試問題では、「時代の並び替え問題」「年号問題」は必須なので、ここを得点しないと、入試の合否に思いっきり影響してきます。

中学受験では、合格者最低点のラインに30～50人の受験生が固まっています。

つまり、1点違いで合格、不合格が分かれてしまう場合も大いにあるのです。

そういった意味でも、年号は完璧におさえておく必要があるのです。

そういった点からも、省エネで覚えることができるゴロ合わせは本当にお勧めです。

歴史の年号を覚えるときは、ゴロ合わせを活用していきましょう。

ちなみに、ゴロ合わせというテクニックをはじめて知った方がいるといけませんので、歴史年号の代表的なゴロ合わせを三つだけ紹介しておきます。

●794年　桓武天皇が都を平安京に移した
→『鳴くよ』（794）ウグイス平安京　〝なくよ〟＝794

●894年　菅原道真の進言によって遣唐使が廃止された
→『白紙』（894）に戻そう遣唐使　〝はくし〟＝894

●1192年　源頼朝が征夷大将軍になった
→『いい国』（1192）つくろう鎌倉幕府　〝いいくに〟＝1192

ゴロ合わせを活用する上で、参考書を選ぶときの注意点

あなたのお子さんは、ゴロ合わせに関しては、塾に通われている場合、塾の先生から教えてもらうこともあるかと思いますが、重要なキーワードの年号のすべてのゴロを教えてもらえるわけではありません。

受験生の大半は、市販の参考書の中で、ゴロ合わせに関する参考書を使ったり、オリジナルのゴロをつくったりして覚えていくかと思います。

ここで、ゴロ合わせの参考書を選ぶときに、気をつけておかなければいけない点があります。

安直なゴロ、似通ったゴロが多い場合は注意してください！

たとえば、１５００年代と１９００年代。

１５○○だと多くのゴロ参考書では、

『以後……』〝いご〟＝１５

１９○○だと多くのゴロ参考書では、

『行く……』〝いく〟＝１９

というように、『以後……』『行く……』から始まるゴロばかりなのです。

これでは、なかなか定着しないのも無理はありませんし、ゴロが似通っているため、下手すると、間違って違う年号を覚えてしまう可能性もあります。

さらには、模試のときに焦って混乱し、せっかく得点できる問題を間違えてしまうケースもあります。

この注意点を踏まえた参考書の選び方として、似通ったゴロ合わせの部分に関しては、たとえば何冊かゴロ合わせの参考書を用意して、**一冊の参考書の中で、似通ったゴロが存在する場合、別のゴロ合わせの参考書の中から間違えなさそうなゴロ合わせを選んで覚えましょう。**

つまり、**一つの参考書の中だけで限定して覚えずに、**自分が間違えないように良いゴロ合わせを組み合わせることがポイントです。

なお、この機会にはっきりとお伝えしたいのが、**ゴロ合わせは上手に活用すれば、た**

いへんな省エネになるテクニックですが、使い方を間違えると、逆効果になってしまう可能性もあるということなのです。

ですから、似通ったゴロを集めないという注意点の部分をしっかりと意識した上で、覚えやすいゴロ合わせをどんどん活用していきましょう。

ここで、ゴロをより一層定着させるためのポイントを紹介します。

実は、ゴロ合わせというのは、誰にでも浸透しているようなメジャー級のゴロ合わせ以外は、思ったよりも定着しないゴロも多数存在します。

その決定的な理由が、**ゴロ合わせの文章を1行読むだけでは、なかなか印象に残らず、ゴロ合わせを覚えること自体がガムシャラ型の暗記になってしまうから**なのです。

では、どうすれば、スムーズに年号の暗記を行えるのかというと、**「記憶にイメージを付け加えて暗記する」**ということなのです。

つまり、塾でぎっしりと年号の詰まったゴロ一覧表を配ってもらい、それを呪文のように唱えながら覚えるだけよりも、それに加えて、その文章ゴロに関連するイラスト（挿絵）があったほうがより覚えやすくなります（参考書の中にはイラスト入りのものも多数あります）。

もっといえば、その情景を意識できるようなお話（ストーリー）を思い浮かべることができれば、なおよいのです。

だから、授業でここはこんなゴロで覚えようと、塾の先生が授業の合間に時間を取って面白おかしく教えてくれるゴロは非常に印象に残りやすいのです。

わたし自身も、『ゴロ将軍』というＣＤでゴロに合わせてそのゴロが頭に思い浮かぶようなストーリーを話しています。そのストーリーとは史実と関係あることではなく、あくまでイメージしやすいものです。やはり、少々マンガチックなぐらいのほうが記憶に残りやすく効果的です。たとえば、

●織田信長が足利義昭を追放し、室町幕府を滅ぼしたのは何年か？
↓1573年【ゴロ合わせ】いち《1》ご《5》な《7》み《3》もり（イチゴ並盛り）爆弾、室町爆破
【ストーリー】織田信長がイチゴの形をした爆弾を並盛りにして室町幕府を爆破した

●内閣制度は何年にできたか？
↓1885年【ゴロ合わせ】いい《1》パ《8》パ《8》GO《5》GO内閣突入
【ストーリー】とても優しく良いお父さんが、内閣制度ができたのを知って内閣まで走り出し、内閣に突っ込んだ

●原敬が内閣総理大臣となり、はじめて本格的な政党内閣を組織したのは何年か？
↓1918年【ゴロ合わせ】ピ《1》ン《9》ク《1》い《8》やがる原敬
【ストーリー】小さいときにピンク色の服ばかり着せられた原敬が、大人になってピンクを嫌いになった

当然、生徒の保護者からは、びっくりするくらい短時間でゴロがしっかりと身についたという声を多数いただいております。

ですから、ゴロ合わせを覚える上では、単に文章で覚えるよりも、イラストをみたり、ストーリーを思い浮かべたり、耳で聞いたりして、より脳に印象付けられやすい方法で覚えていきましょう。親子でゴロの内容について、話しながら深めていくような方法もお勧めです。

6. ～年号を覚える前に必要な知識がある～

紀元前と紀元後の認識をしっかりと持っておきましょう。

歴史の学習をしていく上で、はじめのころに、「紀元前」という表現を目にします。この紀元前・紀元後という言葉、年号をゴロ合わせで覚える前に、まず知っておいてほしい部分です。

わたしたちが通常使っている西暦は、イエス・キリストが生まれた年を紀元元年（はじまり、すなわち西暦1年）としている表記になります。

それよりも前の場合は、キリストが生まれる前ということで、一般的に英語圏では〝BEFORE CHRIST〟として年号の前にB.C.をつけたりもします。

●紀元前1世紀＝B.C.1世紀

また、紀元後はA.D.という表現を使いますが、基本的には、紀元後の表記に関しては、たとえば1世紀をA.D.1世紀といったりはしません。

1世紀であれば、そのまま1世紀という表現を使います。

◆世紀と西暦（△△世紀⇕〇〇年の変換がどんなときもできるようにしておくこと）

実際に、以下のような入試問題が出題されます。

【問題】藤原道長が摂政になったのはいつごろですか。次の記号から、適切な時期を選びなさい。
ア　9世紀後半　イ　10世紀前半　ウ　10世紀後半　エ　11世紀前半

この手の問題が出たときに、生徒には、「1016年……藤原道長が摂政になった」という知識がすでにゴロ合わせで、頭にあるものとします。

しかし、どうでしょうか。この問題を解く上では、**1016年⇔○世紀に正しく変換できるかどうか**までを最終的に求められているのです。

もちろん、この藤原道長が摂政になった時期を覚えていなければ、勘以外では正解できないでしょう。

しかし、1016年……藤原道長が摂政になったという知識が頭にあったとしても、**正しく変換できなければ結局覚えていないのと同じことになってしまう**のです。

ですから、年号を覚える前の土台として、この西暦（年）⇕世紀の変換が必ずできるようにしておきましょう。そして、この世紀の感覚は、歴史を習っていく上で、いたるところで必要になってきます。

実は、感覚的に理解できている生徒はよいのですが、生徒の中には、この世紀という表現と、西暦という表現がごちゃまぜになってしまい、混乱してしまう生徒もいるのです。

1世紀というのが1年～100年なんだから、2世紀は101年～200年と先頭からちゃんと理解していればよいのですが、10世紀、11世紀など時代が進んでくると、その世紀が何年～何年の時代を示すのか分からなくなってくる生徒もいるのです。

それにもかかわらず、講師によっては、意外とこの世紀と年号の置き換えを、最初に徹底的に理解させないケースがあるのでやはりちゃんと理解しているかどうかの確認が必要です。

これから、「世紀と西暦を置き換えるための簡単な公式」を教えますので、ぜひ覚えてください。

年号の公式　世紀と西暦（○○世紀⇕△△年の変換）

基本ルール……世紀とは、**100年間ごとの幅をさす**という大前提をおさえておくようにしてください。

101年～200年、201年～300年、1001年～1100年、1901年～2000年など

その上で、5世紀を例に出して説明します。

（例）5世紀⇕401年～500年

これであれば、世紀の5という数字と、500年の5という数字が必ず一致します。

（手順1）　**5**世紀⇕○○年～**5**00年

（手順２）　５世紀⇕４０１年～５００年　↑※あとは、１００年前の数字の４０１を当てはめるだけです。

もう一つだけ、例を出しておきます。今度は１０００年代の場合です。
（手順１）　16世紀⇕○○年～１６００年
（手順２）　16世紀⇕１５０１年～１６００年　↑※あとは、１００年前の数字の１５０１を当てはめるだけです。

では、さきほどの問題を例に出して実践してみたいと思います。

今の頭の中の知識では、１０１６年……藤原道長が摂政になった、という部分が記憶されていますので、これを○世紀に変換したいという状況ですね。

試験であれば、隅に書いても構いませんので、次の手順で変換していきましょう。

まず、１０１６年という年号が、１００年ごとの幅ですから、１０１６年↓１００１年～１１００年の間にある年号だと整理しましょう。

そうであれば、○世紀⇕1001年〜1100年、となるはずです。

よって、○世紀＝11世紀、というように簡単に導けるはずです。

前半・後半というように聞かれれば、100年間の中の1年〜50年が前半、51年〜100年が後半となります。ですから、1016年は、11世紀前半という答えになるのです。

何度かトレーニングしておき、慣れてくれれば、ものの3秒くらいで変換できますし、この世紀という部分に関しては、中学受験だけでなく、大学受験まで必要な知識になってきます。

ぜひ、年号を覚え始める最初の段階で、必ずおさえておきましょう。

ここまでにご紹介した歴史の勉強の正しい手順を整理します。

【歴史の勉強の正しい手順】

1　歴史の全体像を把握する。

↓

2　大まかな時代ごとの流れをその時代の重要なキーワードを踏まえて、しっかりと確認し、土台をつくる。

↓

3　時代の中の重要な出来事には、必ず年号を一致させて、より具体的に時代のつながり、流れをぴたっと頭に入れる。特に時代のはじまりと終わりの部分はしっかりとインプットしておく。

↓

4　その上で、必要な事項をしっかりと細かい部分まで暗記し、知識に枝付けをしていく。

このような流れで、しっかりとした歴史の知識を完成させていきましょう。

7.～歴史の文化史を攻略する～

前項までにお話しした「歴史の流れ」を意識していく学習方法は、主に政治・外交史を中心にしていました。

次は、文化・産業史の攻略法をお話ししていきます。

ズバリ、**文化史を攻略する秘訣は、必ず政治史と結び付けて覚えることです。**

文化史の暗記の仕方を間違えているため、いくら頑張って暗記しても、得点に結びつかないケースを数え切れないほどみてきました。

受験生にたいへんありがちな文化史の取り組み方の失敗例を紹介します。

たとえば、室町時代には、大きく分けて「北山文化」「東山文化」の二つの文化が存在します。

●北山文化……金閣寺、観阿弥・世阿弥親子による能の大成、狂言
●東山文化……銀閣寺、雪舟が水墨画を大成、おとぎ草子

このように覚えるべきキーワードがあるのですが、できない生徒ほど、これを文化史単体だけで覚えようとするのです。

つまり、東山文化というキーワードをまず覚え、その後にその文化では、銀閣寺・雪舟が水墨画を大成・おとぎ草子を結び付けて覚えていくのです。

この方法、一見まったく問題ないようにもみえますが、実はかなり危険な覚え方です。このやり方で通用する問題は、次のような問題だけです。

【問題】東山文化期に、水墨画を大成したのは誰ですか?
【答え】雪舟

では、次のような問題はどうでしょうか。

【問題】次の組み合わせのうち、もっとも関連性のある組み合わせを選びなさい。
ア　応仁の乱・金閣・北山文化　イ　応仁の乱・銀閣・北山文化
ウ　応仁の乱・金閣・東山文化　エ　応仁の乱・銀閣・東山文化
【答え】エ
※金閣と北山文化、銀閣と東山文化の組み合わせが分かっても、どちらの文化が応仁の乱と関連性があるか分からないと正解できない

この問題からも分かるように、**文化史は、政治史と結び付けて覚えておかないと、入試問題では苦戦することが多いのです。**

この政治史と文化史を組み合わせる問題は、どの中学でもたいへんよく出題されるパターンです。

たとえば、東山文化を覚えるのであれば、まず政治史をしっかりと整理して頭に入れ

ておきます。その上で、１４６７年応仁の乱に登場してくる足利義政のころに栄えた文化が東山文化だというように結び付けて覚えなければいけません。

室町時代【政治史】足利義政（8代将軍）＝【文化史】東山文化

という図式になります。

この例は一つの時代の中に、文化が複数あるタイプですが、時代によっては一つの時代に、文化が一つだけの場合もあります。

●【政治史】鎌倉時代＝【文化史】鎌倉文化
←
一つの時代に一つの文化タイプ

●【政治史】江戸時代＝【文化史】元禄文化・化政文化
←
一つの時代に二つの文化タイプ

一つの時代に二つ以上の文化がある場合は、特にその時代のどの有力者が全盛期のときに栄えた文化かをしっかり結び付けておきましょう。

たとえば、室町時代であれば次のように必ず整理して覚えておくことです。

【政治史】足利義満（3代将軍）＝【文化史】北山文化
【政治史】足利義政（8代将軍）＝【文化史】東山文化

政治史と文化史を結び付けて覚えるためのお勧めの勉強法は、時代ごとにビジュアルに政治史・文化史を整理する方法です。

たとえば、A4のノートの真ん中に縦線を入れて、**左半分を政治史、右半分を文化史のようにして、政治史と文化史をひとめで見渡せるようにしてみましょう。**

そうすれば、この文化が栄えたころ、政治はどういう状況だったかも瞬時に分かります。

わたし自身がプロデュースしている『コンプリート社会』という教材でも左半分を政治史、右半分を文化史にしていますが、政治史と文化史の関連性を持たせるのには、とても効果がある方法です。市販の参考書を中心に学習する場合、選ぶ際には、政治史と文化史が同じページにあり、同時に見渡せるものを選びましょう。

8．〜歴史のキーワードをすべて漢字で書けるようにするべきなのか〜

漢字で書けるようにするかどうかに関しては、特に直前期の6年生の親御さんからも、とてもよく相談を受ける内容です。また、6年生の親御さんだけでなく、歴史を習い始めているお子さんの親御さんからも多くの相談を受けます。

ここで一つ、5年生で、大手進学塾に通っており、授業が歴史に入って奈良時代あたりまで進んだお子さんの母親からもらったメールを紹介します。

5年生の娘を持っています。いま、塾のほうでは歴史の授業を行っています。週に1回90分の授業なのですが、授業の最初に必ず前回の確認テストを行うのですが、そこでは、漢字で書けないと、先生が○をくれません。

娘は、国語もあまり得意ではなく、すべて漢字となると、なかなか厳しいのです。本人も、毎週の確認テストに対し、苦手意識も強くなってきてしまい、地理を習っているときはまったくそんなことはなかったのですが、社会に対してモチベーションも低くなってしまっています。模試の前もあまり勉強をしなくなり、このまま6年生になれば、社会が足を引っ張ってしまうのは目に見えています。何か助言などいただけないでしょうか。

社会の歴史という分野は、漢字と密接な関係があります。

歴史を学習していく上で、**重要なキーワードをおさえていくときに、絶対に避けられないのが漢字で書くかどうか**、この部分なのです。

結論からいいましょう。

入学試験で「漢字指定」の問題を出題する中学を受ける可能性がある場合、最終的には「漢字で書ける」ようにしてください。

そして、多くの中学校では漢字指定の問題が出題されるため、志望校の選択肢を狭めないためにも、まずはできる限り漢字で覚えるようにしてください。

特に難関校を目指している場合は、記述問題も必須になってきますので、当然漢字が書けなければいけません。そして、難関校に限らず、あらゆる難易度の中学校で漢字指定の問題は出題されます。

■筑波大学附属駒場中学（東京）　2010年度社会の入試問題より

【問題文】（A）から（D）にあてはまる語句か数字をそれぞれ書きなさい。ただし、（A）（C）は漢字2文字、（D）は漢字4文字とする。

■南山中学女子部（愛知）２０１０年度社会の入試問題より
【問題文】朝鮮戦争をきっかけに、国内の治安を守るという名目で、１９５０年に日本でつくられた組織は何ですか、漢字で答えなさい。

■四天王寺中学（大阪）２０１０年度社会の入試問題より
【問題文】５世紀ごろ、大陸から伝えられた漢字が使用されていたことは、埼玉県の（　　　）古墳から発見された鉄剣などで知ることができます。
（　　　）にあてはまる語句を漢字で答えなさい。

このように、漢字指定の問題は頻繁に出題される問題形式なのです。
ただし、漢字で書けるようにしなければいけないと聞いて落ち込む必要はありません。

当然ですが、入学試験では漢字指定の問題の場合、漢字を正しく書けないと正解はもらえません。しかし逆に考えれば、**漢字は入学試験までに覚えればよい**のです。

歴史を学習していく上でいちばん大切なことは「歴史の流れをつかむ」ことであり、漢字で書くことが負担になってしまい、先に進めないようであれば、後回しにしても構いません。

ただし、入学試験までに覚えればよいからといって、漢字で書くことを後回しにするのではなく、流れをつかむことと並行して、漢字が苦手なお子さんも少しずつ重要なキーワードは漢字で書けるようにしたほうがよいでしょう。

やはり、6年生になってから、今までひらがなで慣れさせていたものを突如漢字で書かせるようにすることは、たいへんな負担になりますし、もしも志望校を決めたときに、その中学で漢字指定の問題が多く出題される場合、かなりの負担になるからです。

しかし、この相談内容に書かれた内容のように、はじめから漢字を徹底することは効率のよいやり方ではありません。

ここでも、塾の限界という話になってしまうのですが、塾に通っている場合、その担当講師の指導方針で、社会の定着度も大きく変わってしまうのです。

仮にこの確認テストで、漢字で書けなくても、ひらがなでも○にしてあげれば、この生徒は、歴史に苦手意識を持たなかったかもしれませんし、社会に対して抵抗を持たなかった可能性は大いにあります。

要するに、講師の側が、生徒を不得意にしてしまうことは簡単なことなのです。

そして、すべての講師が生徒全員のことをそこまで考えてくれているとは思わないでください。思っている以上に、塾には、本当にいろいろなタイプの先生がいます。

特に、大手進学塾になってくると、同じ5年生でも、複数のクラスが設置されており（塾によっては10クラス以上のところもあります）、上位のクラスか下位のクラスかによって、先生が違うことも多々あるのです。

ですから、担当している先生がすべて漢字で書けるようにしなさい、と強要してしまうと、**生徒は純粋ですから、漢字で書けない＝正しくない**と認識しかねないのです。

わたしに言わせてもらえば、**生徒が漢字で書けるか書けないかは、段階の問題だと思っています。**

できる生徒は、たとえば今から課題と称し、30分で縄文時代を覚えなさいと言えば、その範囲をすべて漢字で覚えてくることも可能だと思います。

しかし、当然生徒によっては、30分ではすべて漢字で覚えることができない生徒もいるのです。

そこで、どうして漢字で書けないのかと追い詰めてしまうのではなく、今回は○だけど、もう1週間後、1ヵ月後は漢字で書けるようにしようと**段階的に見守ってあげることも大切**なのです。

ただし、6年生の終わりになっても、ほとんどの答えがひらがなという場合は望ましくありませんが、**歴史のとりかかりや、歴史に苦手意識のある生徒の場合は、あまり漢字を強要しないようにしてください。**

塾でもしもそのように漢字ですべて書けなければいけないという指導方針の先生で、その子が歴史に対して、苦手意識を持ち始めそうな状態であった場合は、お母さん、お父さんが自宅でその確認テストをみて、上から○にしてあげるくらいのことをしても構いません。

漢字指定に関してわたしが6年生の親御さんから頻繁に相談される質問をもう一つ紹介しましょう。

野村先生、漢字指定の問題は漢字で書かなければいけないのは重々承知ですが、漢字指定と書かれていないものに関しても、やはり漢字で書いた方が宜しいのでしょうか。この時期になってこんなことを聞いてしまい、お恥ずかしいのですが、何か助言をいただければと思います。また、入試が終わりましたら良いご報告ができますようにと思っております。これからも、よろしくお願いいたします。

この質問、意外と同じような気持ちの方も多いのではないでしょうか。明快な答えがないため、モヤモヤした状態のまま抱えている方も多いと思います。

このモヤモヤを解消してもらうためにも、できる限り納得のいくように説明していきましょう。

まず、このお話の大前提から説明します。

【問題】１５６０年に起きた桶狭間の戦いで今川義元を破ったのは誰ですか？　漢字で答えなさい。

【答え】織田信長

このような**漢字指定の問題の場合は、必ず漢字で書いてください。**

ここで、〝**お田信長**〟のように1文字でもひらがなが入ってしまうと、この問題は0点となります。

次に、漢字指定かどうか特に書いていない問題の場合です。

【問題】1560年に起きた桶狭間の戦いで今川義元を破ったのは誰ですか？

このように、漢字指定かどうか問題に書いていない場合です。

まず、原則論としては、漢字指定というような指示がないため、すべてひらがなで〝おだのぶなが〟と書いたとしても、正解には違いありませんので、○がもらえるはずです。

しかし、現実論として、「漢字指定ではない」問題の答えをすべてひらがなで書いたとき、確実に○をもらえるのかというと、これは真剣に考える必要があります。
なぜなら、入試本番では、自分の解答用紙が返却されることはありませんので、採点基準は、あくまで中学校側の判断に委ねられてしまうからなのです。

ですから、9つの設問があったとして、すべて漢字指定とは書かれていない場合、すべての答えをひらがなで書いて、○をもらえる場合もあれば、もしかすると、あまりにもひらがなが多いということで、減点されるかもしれないという可能性だけは知っておいてください。

その上で、わたしが生徒に勧める方法は、

1、漢字指定の問題は必ず漢字で書く。もしも部分的に漢字が分からない場合でも、ひらがなは1文字も入れず、頑張って記憶を頼りに漢字で書くこと。

2、特に漢字指定ではない場合、採点官の心証を最大限良くするためにも、漢字で書けるところは漢字で書く。そして、漢字がどうしても分からず、すべて漢字で書くこと

にこだわると間違った漢字を書いてしまう可能性がある場合、分かるところは漢字、分からないところはひらがなで書く。

このルールを徹底させています。漢字指定の問題に関しては、このように対応してください。

まとめになりますが、まずは「歴史の流れをつかむこと」「歴史に苦手意識を持たせないようにすること」に重点を置いて学習してください。

その上で、5年生のうちは、志望校の選択肢を広げるという意味でも、早めのうちに**漢字で書けるようにしておくことをお勧めします。**

そうすれば、6年生になって、漢字指定の問題が多数出題される中学を受ける場合にも問題なく対応できるからです。

漢字で覚えることを苦にしないお子さんであれば、それを継続していただき、そうでない場合は、社会に苦手意識を持たないようにするという前提を持った上で、段階的に漢字で書けるように訓練しておきましょう。

まとめ　～歴史を攻略する～

□歴史の全体像を把握できましたか？
□歴史の中で、いちばん大切なことが何か分かりましたか？
□歴史の定着度をチェックする方法は分かりましたか？
□年号をおさえておく重要性が分かりましたか？
□ゴロ合わせを使う際の注意点が分かりましたか？
□年号を覚える前に必要な知識が分かりましたか？
□歴史の漢字に関して理解できましたか？

第4章

公民を攻略する！
～同時に地理、歴史も再攻略すべし～

1．〜公民の全体像を把握する〜

この章では、中学受験の社会の中で、公民をどのように攻略していけばよいのかをお話ししていきます。さらには、公民という単元の性質なども交えてお話ししていきます。

まず、公民ですが、主に出る分野は次ページの表にまとめてありますので、まずは、これらの単元をしっかりと学習していくことになります。一般的な大手進学塾では、6年生の春から公民を始めて、夏までには終えます。

なお、地理・歴史と同じ話になりますが、進学塾に通っている場合は、その塾オリジナルのテキストを使うことも大いにありますので、単元構成や授業で扱う順番は、すべてこの表通りというわけではありませんが、基本的な単元構成は同じになります。

また、市販の参考書をお使いの場合も同様です。

※公民に関しては、公民という表現を使わずに、「政治」という表現を用いるところも

公民の学習単元一覧

民主政治	民主政治のしくみ	民主政治とはどんな政治なのか。また、直接民主制と間接民主制の違いは何かなどについて学習する。
	選挙	大選挙区制・小選挙区制・比例代表制の違いや、選挙権・被選挙権の資格などについて学習する。
日本の憲法	日本国憲法のしくみ	日本国憲法の特色や構成、憲法改正の手続きの流れなどについて学習する。
	大日本帝国憲法と日本国憲法	大日本帝国憲法と日本国憲法の違いについて学習する。
日本国憲法の三原則	国民主権	国民主権のもとで天皇はどんな地位にあり、どんなしごとをするかなどについて学習する。
	平和主義	日本国憲法に記されている前文・第９条での戦力不保持・国の交戦権否認などについて学習する。
	基本的人権	基本的人権（自由権・平等権・社会権・参政権・請求権）の内容や、国民の三大義務について学習する。
国会	国会の役割	日本国憲法上での国会の地位や、国会のしごと、国会の種類などについて学習する。
	衆議院と参議院	衆議院と参議院の違い、衆議院の優越の内容などについて学習する。
内閣	内閣の役割	内閣の権限や、内閣総理大臣と内閣のそれぞれのしごと内容などについて学習する。
	内閣のしくみ	内閣や省庁のしくみ、議院内閣制のしくみなどについて学習する。
裁判所	裁判所の役割	裁判の種類や裁判所の種類、裁判官の任命や違憲立法審査権について学習する。
	司法権	司法権の独立・裁判官の独立・三審制・国民審査・被告人の保護・黙秘権などについて学習する。
三権分立	三権分立のしくみ	国会・内閣・裁判所という三権の関係性について学習する。
地方自治	地方自治のしくみとはたらき	地方議会のしくみや、議員や首長の被選挙権、直接請求権の種類と署名数などについて学習する。
財政	財政	予算はだれがどのようにして決めるのかや、国の歳入・歳出のうちわけなどについて学習する。
	税金	直接税と間接税、国税と地方税のそれぞれの違いや、所得税・法人税・消費税などについて学習する。
国際連合	国際連合のしくみ	国際連合のしくみと各機関のはたらき、安全保障理事会の常任理事国などについて学習する。
	国際連盟と国際連合	国際連盟と国際連合の違い、国際連盟の失敗の理由などについて学習する。
世界の平和	世界の平和	世界平和のための日本の国際協力（ＯＤＡ・国連分担金）などについて学習する。
	軍縮	冷戦・平和会議・軍縮の歴史や非核三原則などについて学習する。

ありますが、一般的には公民で統一されています。

2.～入試における公民の秘密、3つの理由とは～

公民を学んでいく上で、まず先に知っておいていただきたいことがあります。

公民には、この分野独特の秘密があり、それを知った上で学習するのと、しないのでは明確な違いが生まれてきます。

公民という分野の秘密、それは、**「一般的に地理や歴史に比べて、難しい問題が出題されにくいという秘密」です。**

長年、あらゆる中学の入試問題をみてきて感じることなのですが、地理・歴史は、難しい融合問題を出してくる学校でも、同じ学校の公民をみると意外と素直な出題をしてくるところが非常に多いのです。

まずは、実際に有名中学で出題される問題をみてみましょう。

■**開成中学（東京）**　２０１０年度社会の入試問題より

【問題】社会の変化にともなって、基本的人権は、憲法には明記されていなくても、より広く認められるようになっています。そのような形で認められるようになってきた権利を、次のア〜エから１つ選び、記号で答えなさい。

ア裁判を受ける権利　イ環境権　ウ男女の平等　エ労働者が団結する権利

【答え】イ

※「基本的人権」という単元の中の新しい権利という箇所で学ぶ基本中の基本の内容です。

■**慶應義塾普通部（神奈川）**　２００９年度社会の入試問題より

【問題】立候補に先立って自分が実現したいと思っている方針を何というか書きな

さい。
【答え】公約
※「民主政治」という単元で学ぶ基本中の基本の内容です。

■広島学院中学（広島） 2010年度社会の入試問題より
【問題】国民主権に関連して、天皇の国事行為は内閣の何にもとづいて行われますか、次のア〜オから適切なものをすべて選び、記号で答えなさい。
ア命令　イ助言　ウ確認　エ承認　オ許容
【答え】イ・エ
※「内閣の役割」という単元で学ぶ基本中の基本の内容です。

どうして公民では、このような基本問題が出題されやすいのか順を追って説明していきます。

まず、**難しい問題が出題されにくい1つめの理由**です。

一般的な進学塾のカリキュラムでは、4年生で地理、5年生で地理・歴史、6年生で歴史・公民（塾によっては公民のみ）という順番で授業をしていきます。

分野ごとにかかる時間は塾によってまちまちですので、ここでは省略しますが、一般的には、地理・歴史に比べ、公民は指導時間のいちばん少ない分野になっております。

さらに、6年生の秋からは過去問演習もしなければならないため、公民の演習時間はいちばん短いのが現状です（総学習時間は地理・歴史の2分の1以下です）。

そう考えれば、公民がある程度解きやすくなるのは当然かもしれません。

やはり、地理・歴史に比べ、公民自体の学習時間が短いため、凝った出題にしないという中学校側の配慮も考えられるのです。

入試問題を毎年みていても、地理などでは、こんなマニアックなところを出題してくるのかと思う中学に限って、公民の問題をみてみると、単なる国会・内閣・裁判所に関する記号問題で、三権分立の基本的な知識が頭に入っていれば、十分解けるであろう問題が平気で出題されています。

わたしからすれば、この地理のマニアックな問題を落としても、公民の基本的な部分がしっかりとできていれば、絶対に合格ラインにいけるのにというような出題形式の中学も本当に多く存在しています。

難しい問題が出題されにくい2つめの理由として、**「公民は細かく学習すると奥が深く、とてもじゃないですが、小学生に細かいメカニズムを理解させるのが難しい分野」だからです。**

これについては、実際に出題された歴史の入試問題を使って説明します。

歴史の中では、「版籍奉還」という政策が出てきます。

これは、1869年、新政府が大名の土地と人民の支配権を朝廷に返させた政策です。

小学生が習う上でも、複雑すぎて理解できないということはないでしょうし、政策の中身を聞けば「あ〜、そうなのか」「なるほど」と感じるでしょう。
よって、中学校側の出題者もこういった問題をつくってきます。

■フェリス女学院中学（神奈川）　2009年度社会の入試問題より

【問題】版籍奉還は、それまでの大名たちに、どのようなことを命じたものでしたか。

【答え】それまで大名がおさめていた土地と人民を、朝廷に返すこと。

確かに、版籍奉還というキーワードを答えさせたり、1869年という年号を答えさせるよりも、レベルは高い問題です。
しかし、生徒も政策内容を理解できるため、記述タイプで問題にしてきてもおかしくありません。

では、公民の場合は、どうでしょうか?
ちなみに、現在の衆議院議員総選挙制度は、小選挙区比例代表並立制です。
どんな制度かといえば、このような制度です。

政党は小選挙区での候補者を比例代表の名簿にも登載できるものであり、比例代表候補者には順位を付けることもできますが、重複立候補者については同順位とすることもできます。同順位とした場合、実際の順位は小選挙区における惜敗率によって決められます。重複立候補した議員が小選挙区で当選した場合、比例代表名簿から除外されますが、小選挙区で落選した場合、比例代表での名簿順位と惜敗率により復活当選の可能性があります。

どうでしょう?　さすがに、公民のこの内容を記述式で書かせることは不可能でしょう。
大学受験の「政経」「現代社会」という科目でさえも記号問題です。

よって実際の入試では、こんなふうに出題されます（というよりも、こんなふうにするしかありません）。

■千葉日本大学第一中学（千葉） 2010年度社会の入試問題より

【問題】衆議院議員の選挙は（　　　　　）制で行われる。（　　　　　）に適語を入れなさい。

【答え】小選挙区比例代表並立

この例は、あくまでも一例ではありますが、公民分野には、このように細かいメカニズムを学ぼうとすると、たいへんな労力が必要になる箇所が多数存在します。

そのため、確実な勉強を行うのであれば、最初から細かいメカニズムなども詰め込んでいこうとするやり方は、効率的ではありません。

もともと地理、歴史に比べ、興味を持ちにくい分野に対して、いきなりトップギアで勉強させることは得策ではないのです。

難しい問題が出題されにくい3つめの理由として、**「公民＝数字とキーワードの対比が多いため、単なる暗記問題として出題しても十分な問題になる」という性質があります。**

公民で覚えなければいけない部分は地理、歴史と比べても、非常に独特です。どういうことかというと、地理・歴史（歴史の年号は別として）に比べ、**覚えなければいけないことの中に、数字というものがつきまとう分野**なのです。

実際の暗記項目をみてもらったほうが早いので、覚えなければいけない数字の例を出してみましょう。

●衆議院議員の被選挙権　満25歳以上
●参議院議員の被選挙権　満30歳以上
●法律案がまとまらない場合、衆議院の出席議員の3分の2以上の多数で再可決、法

律となる
●通常国会の会期は１５０日
●衆議院による内閣不信任案が可決された場合、内閣は10日以内に衆議院を解散するか、総辞職する
●高等裁判所は全国に８ヵ所
●最高裁判所裁判官の国民審査は10年ごとの衆議院議員総選挙のとき
●都道府県知事の被選挙権　満30歳以上
など、紛らわしいものも本当に多数あります。

そして、もう一つが、「**対比**」です。
公民分野は、キーワードの対比がとてもよく出題されるのです。
少しあとにお話ししますが、覚えていくときに対比を意識して覚えなければいけないパターンが多いのです。

こちらに関しても、実際のイメージをつかんでもらうためにも、対比の例をあげま

す。

●直接民主制と間接民主制
●小選挙区制と大選挙区制
●大日本帝国憲法と日本国憲法
●国民主権・平和主義・基本的人権
●国会・内閣・裁判所
●衆議院と参議院
●民事裁判と刑事裁判
●国税と地方税
●国際連盟と国際連合

といったように、主要なものをほんの一部あげるだけでもこれだけの対比があります。

ここからがポイントなのですが、**このように対比のできる事象というのは、入試問題をつくりやすいので、当然出題されやすいポイント**なのです。

そして、基本事項なのですが、このような数字の部分だったり、キーワードを対比させて出題されてしまうと、単に覚えていれば解ける基本問題にもかかわらず、とたんに正解率も落ちてしまうのです。

このあたりも、公民分野独特の傾向なのかもしれません。

ですから、

●地理・歴史に比べ、公民自体の学習時間が短いため、凝った出題にしないという中学校側の配慮

●公民は細かく学習すると奥が深く、とてもじゃないですが、小学生に細かいメカニズムを理解させるのが難しい分野

●公民＝数字とキーワードの対比が多く、単なる暗記問題として出題しても十分な問題になる

今あげた3つの理由からも、**公民は難しい問題をあまり出題しない傾向にあります。**

そして、適切に暗記できていれば問題なく解けるような基本レベルの出題でも、受験生は難しく感じてしまうような問題になるのです。

3．～公民を攻略するためには～

では、どのように公民を攻略していけばよいのでしょうか。
社会の中でも、地理・歴史・公民・時事問題、それぞれの分野には特徴があり、性質も異なっています。

しかし、受験生をみていると、残念なことに、地理・歴史・公民・時事問題ともに、社会というくくりで同じように勉強するのです。
分野ごとに性質が異なっているのですから、このやり方は適切ではありません。

例を出すとすれば、料理をつくるときに、この食材は生のまま食べたほうがおいしい場合、火を通したほうがおいしい場合、蒸したほうがおいしい場合など、食材の特徴に合わせて、調理方法を変えると思います。この料理の話も勉強の話もまったく同じです。

しかし、勉強法となると、すべて同じやり方で勉強する生徒が多いのです。つまり、すべて同じようにエネルギーを使い勉強していきます。すると、どういうことが起こるかというと、たとえば歴史は得意だけど、公民は苦手というように分野レベルで得意、不得意が出てしまうのです。なんとなくのやり方がたまたま上手くいけば得意にもなるし、上手くいかなければ苦手になる。

これでは、戦略という言葉からはほど遠くなってしまいます。**本来であれば、分野に合わせて勉強のやり方を変えることこそがまずはいちばん大切だからです。**

公民を攻略するための戦略は、

「公民＝数字とキーワードの対比を攻略すること」なのです。

つまり、公民を勉強するときは、特に数字の部分、そして、対比して覚える部分に重点を置いて学習することがポイントになってきます。もしも、この部分をお子さんが理解できていない場合は、親御さんのほうから、お子さんに伝えてあげて、この部分の情報を共有してください。

そのような学習ポイントを意識していないと、効率の悪いガムシャラ勉強法になってしまいます。公民でありがちないちばん良くない例を紹介します。

たとえば生徒に、**「衆議院議員の被選挙権を聞いたときは、満25歳以上というように答えが言えるのにもかかわらず、参議院議員の被選挙権を聞いたところ、満20歳以上というような間違え方をする」**場合です（参議院議員の被選挙権は満30歳以上が正解）。

どの点がよくないのかお分かりでしょうか。

公民は、**重要なポイントを暗記する場合、必ず対比をセットで覚えなければいけない**

のです。

要するに、この場合だと、衆議院議員の被選挙権と参議院議員の被選挙権を覚えるときは、**二つで一つ**というような意識です。このように必ず対応させて覚える必要があるのです。


これは公民の出題形式を理解すれば、もっと分かりやすいと思います。

毎年分析している入試問題でも、Ａタイプの問題よりもＢタイプの問題のほうが、たいへんよく出題されます。


【Ａタイプの問題】衆議院議員の被選挙権は何歳以上ですか？

【答え】満25歳以上

この問題よりも、
【Ｂタイプの問題】衆議院議員の被選挙権は満（Ａ）歳以上、参議院議員の被選挙権は満（Ｂ）歳以上である。このＡとＢに関して、ふさわしい組み合わせを選びなさい。
ア　Ａ　20　Ｂ　20

イ　A25　B20
ウ　A25　B30
エ　A30　B25
【答え】ウ

このようなBタイプの出題形式の中学校のほうが圧倒的に多いのです。

当然、中学校側としても、一問で二つの知識を正しく覚えたか確認できるので絶対にこちらの問題のほうがよいですよね。

この問題例からもお分かりいただけましたか。つまり、公民を覚えるときに、

●衆議院議員の被選挙権　満25歳以上
●参議院議員の被選挙権　満30歳以上

というように、二つの項目として覚えるのではなくて、

●衆議院議員の被選挙権は満25歳以上であり、参議院議員の被選挙権は満30歳以上

というように、**必ず対比をセットにして覚えることがとても大切になってきます。**

公民には、そうやって覚えていかなければいけない部分が多数あるのです。
当然、テストには、単発の問題よりも、このような対比して覚えられているかどうかの問題のほうがよく出題されますので、左図のように対比して覚えましょう。

衆議院と参議院の違い

	衆議院	参議院
議員定数	475 人	242 人
選挙区	小選挙区選出 295 人 比例代表選出 180 人	47 選挙区選出 146 人 比例代表選出 96 人
任期	4 年	6 年 ※ 3 年ごとに半数ずつ改選
解散	ある	ない
選挙権	20 歳以上	20 歳以上
被選挙権	25 歳以上	30 歳以上

※出典『コンプリート社会 合格講義 CD 公民テキスト』

4. ～公民を始めるにあたり、受験生が必ず陥るジレンマ～

一般的に進学塾に通っていれば、公民を学習し始めるのは、早くても5年生の後半、一般的には6年生をメインに学習するかと思います。
その中で、本当に多くの親御さんから相談を受けるお話があります。

ズバリ、「公民に入ったころには、かなり昔に学習した地理や、歴史の前半部分などをすっかり忘れてしまっている」というお話です。

実際にいただいたご相談メール　小学6年生の4月

こんにちは。今後の社会の勉強方法についてアドバイスをお願いできればと思い、メールさせていただきました。春休みから公民に入り、しばらく地理・歴史の学習から遠ざかっています。今は公民に専念するほうがいいのでしょうが（実際、時間がありませ

んし）ただ、このまま公民を進めていくと、だいぶ昔に習った地理や歴史をどんどん忘れてしまわないか不安です。

たとえば、地理・歴史などですっかり忘れてしまっている部分は、通常授業と並行して、少しでも時間があるときに覚え直すべきでしょうか？

それとも、6年生の夏休みや直前期などに一気に覚え直したほうがよいのでしょうか？

実際に、通常授業では公民がどんどん先に進んでいきます。

たいへんお忙しい中、恐縮ですが、どうぞよろしくお願いいたします。

いかがですか？　うなずきながら読んだ方も大勢いるのではないでしょうか。

このお悩みに関してのアドバイスですが、結論から言います。

やはりちゃんとスケジュールを組んで、時間をみつけては週に1回でも通常授業の公民と並行して、地理・歴史の復習をしたほうがよいです。

なぜなら、範囲なしの模試になってきたときに、社会の地理、歴史がある程度仕上がっていると、他の受験生よりも偏差値が高く出ますので、そのような安定した科目があれば、受験戦略を優位に進めていくことができるからです。

さらに、社会を先に固めておき、適度に復習しておけば、他の科目と違って大幅に下がることがないため、得点源としての役割もあります。

実は、記憶というのは、一定期間時間を空けてしまい、知識が抜けてしまいますと、**また同じ知識のレベルまで戻すのには、たいへんな労力がかかってしまうのです。**

しかもこの裏付けとして、わたし自身にも独自のデータがありますので、紹介します。

わたしの講義では、6年生の生徒に対して、授業のはじまりに確認テストを実施しています。そこでは、すでに習い終えた地理や歴史の重要事項の一問一答形式の40点満点のテストを実施し、生徒の得点をチェックしています。

クラスの中の平均点は25点くらいに落ち着くものの、実際は完全な二極化が起きています。

そして、6年生の4月からの得点と、最終的に合格した中学を照らし合わせてみていると、たいへん興味深い結果が出ています。

傾向をみていると、生徒は大きく分けて二つのパターンに分かれます。

●Aパターン●【40点満点で31点～40点の生徒のゾーン】

6年生の春から夏休みが終わるまでの期間で、公民と並行して地理・歴史もそれなりに暗記する時間を取っており、一定レベルまで地理・歴史が定着している生徒

●Bパターン●【40点満点で0点～10点未満の生徒のゾーン】

地理・歴史をすっかり忘れてしまっており、とりあえず、今現在の目の前の課題や毎週の小テストに追われてしまい、地理・歴史の暗記が後回しになっている生徒

この2パターンに驚くほど分かれるのです。

そして、中学受験で志望校に合格するという観点からみたときに、難関校や、第一志

望校に合格したという連絡が来るのはきまって31点〜40点の生徒のゾーンなのです。このデータは、毎年ほとんどぶれません。

以上のことからも、やはり公民を始めていっても、**上手く時間をみつけては地理・歴史もある程度復習する機会を設ける**ようにしなければいけません。

5. 〜公民を学んでいる最中に、地理・歴史を効率よく復習する〜

6年生になると、一日一日が大切な時間となってきます。親御さんとしても、やはりリアルタイムでお子さんの地理・歴史の定着度がどの程度なのかを把握しておく必要があります。

そのためには、6年生の前半のうちに、地理・歴史が抜け落ちてしまっていないか確認しなければいけません。抜け落ちているかどうか、見分けるポイントを教えます。

次のどれか一つでも当てはまる場合は、地理、歴史の定着ができていない可能性が高いです。

●範囲がなくなってきた地理・歴史が入っている模試で、地理・歴史の得点率があまりにも低い場合

●塾の授業中に行ったりするような地理・歴史の総合問題などで、さっぱり得点できない場合

●家庭学習の中で、地理や歴史の基本的な問題を出してみて、全然解けない、覚えていないという場合

この場合、少しずつでも構いませんので、公民と並行して地理・歴史の暗記を必ず行っていきましょう。できれば、夏が終わるころまでにはある程度の形にしておくことが望ましいです。

特に、一つの山場である7月20日前後から8月いっぱいの夏期講習期は、小学校も休みのため、力を伸ばすのにはとてもチャンスの時期です。

一つの目標として、この夏期講習が終わるまでには、**地理・歴史・公民をしっかりと同じレベルまで固めるような計算をしておきましょう。**

なお、地理・歴史を復習するというと、何をしたらよいのか分からないという受験生が多数います。

「苦手な単元部分の塾のテキストをひっぱり出してきてもう一度読み直し、演習問題を解くほうがいいのでしょうか?」

というような相談も多数あります。

ここで効果的な復習法をお伝えします。

復習するときは、「演習を行うのではなく、知識の暗記」をしてください。

知識を暗記するための理想的な復習方法は、次の二つです。

●そもそも、すっかり地理、歴史を忘れてしまっていて、一から学習していくのと大差ない場合

↓

第1章で紹介した「授業タイプ」の参考書を活用し、まずは単元ごとの内容理解をしていきましょう。

そうして、その単元の内容理解ができた段階で、知識をインプットできる「暗記タイプ」の参考書で、たとえば1ページ20〜30問程度の基本的かつ重要事項の一問一答形式の問題を単元ごとに暗記していくのが理想的です。

「授業タイプ」の参考書で理解↓「暗記タイプ」の参考書で暗記

●地理、歴史の単元によって、知識が定着している単元もあれば、そうでない単元もある場合

↓

まずは、苦手な単元を探し出す作業から始めましょう。

そのために、「暗記タイプ」の参考書で、1ページ20〜30問程度の基本的かつ重要事

項の一問一答形式の問題を解いてみてください。

そこで、80％以上の正解率の単元は知識がそれなりに固まっている部分なので、間違えたキーワードを再インプットしましょう。

逆に、正解率が80％未満の場合、その単元に関しては、もう一度「授業タイプ」の参考書で理解を深め、もう一度「暗記タイプ」の参考書で80％以上の定着率を目指しましょう。

「暗記タイプ」の参考書で苦手な単元を探す→苦手な単元は「授業タイプ」の参考書で理解→「暗記タイプ」の参考書でもう一度暗記

なお、親御さんの中には、過去に覚えた部分だからといって、いきなり問題集の演習問題を解かせて、間違えた部分を復習させるという方法を取る人がいます。

しかし、よく考えてみてください。

そもそも、地理の内容が根本的に抜けている場合は、このやり方はたいへん非効率に

なってしまうことがお分かりですか？　たとえば、いきなり地理の演習問題を解かせて、

【問題】広島でさかんな工業はなんですか？　【答え】自動車

という問題で、自動車ではなくセメントと答えてしまい、間違えたとします。

そのときに、「自動車工業」だと覚え直して、それで、地理の工業の部分を正しく復習し直すことができたと本当にいえるでしょうか。

いいえ、この場合、まずは工業という単元に戻って、都道府県の主要都市でさかんな工業をひととおり暗記しなければいけません。

そうしないと、地理の復習が断片的にしかできておらず、本番の試験で、「岩国でさかんな工業は何か？」と聞かれたときに、間違えるかもしれません。

結局、知識が断片的にしかインプットされておらず、「時間をかけたのに、地理の知識が整理されない」という悪循環に陥り、サッパリ成績が伸びないのです。

ですから、しばらく時間が空いた状態からもう一度復習を行うときは、**「演習を行うのではなく、知識の暗記」**をしてください。

6．～地理・歴史の復習を塾に任せきりにしてはいけない～

親御さんの中には、こんなことを言われる方がいます。

「公民は通常授業で行ってくれるけど、土曜日の補習授業では、地理の復習をやったりしてくれるし、授業の中でも、地理・歴史の確認テストをしてくれる先生もいますので、これであれば大丈夫ですよね？」

そうなんです。実は、塾がこのようなことをしてくれるから、実際安心して任せている親御さんも多いのです。しかし、よくあるこのケースには、大きな落とし穴があるのです。

この場合、たいていの塾の先生がすることはこんなことです。

「今日は歴史の復習をするぞ～、プリント配るから解いてみること！」

多くの塾では、通常使うテキストとは別に、このように演習プリントなどが大量に配られるケースがとても多いのです。

この突発的に配られたプリントでできない部分があれば、その部分を再度覚え直し、その時点ではいったん終わりになります。


しかし、**突発的に地理、歴史の問題をいくら解いても、その前の知識を頭にしっかりと入れる時間を先に取らなければ何の意味もありません。**

正しい手順としては、まず覚えなければいけない重要な部分の全体像を体系だてて覚えていきます。その上で、塾のプリントを解いて知識をアウトプットする訓練をするべきなのです。

特に社会に関していえば、算数や国語と違い、**何よりも先に、テストに頻出のポイントを頭に何度も何度も反復させて、大切な知識を入れておくことがいちばん重要なこと**で、やみくもにいろいろな演習プリントを解くことには、ほとんど意味はなく、それどころか、実は逆効果で、お子さんたちが体系だった勉強をするさまたげになっていることが多いのです。

結局、プリントを解かせてくれるからといって、本当に必要なレベルまで地理・歴史の力がつくのかといえば、それは疑問です。

ですから、**いくら塾で地理・歴史を復習しているからといって、それが単なる問題演習だけで、知識を入れるようなカリキュラムや構成になっていない場合は特に注意してください。**

６年生の後半期になったときに、「塾でいままで地理・歴史を並行してやってもらったのに、全然点数にならないじゃない」と気づくのが遅くならないようにしましょう。

7．〜公民を学んでいる最中に、地理・歴史を固めるメリット〜

公民を学んでいる最中に、地理・歴史を早く固めることには、大きなメリットがあります。

実は、公民を習っている最中に、この地理・歴史を同時に固める方法が上手く実践できている生徒は思ったよりもいません。

しかし、塾の模試は地理・歴史の知識が固まるのを待ってはくれません。

いつの間にか公民が終わり、地理、歴史、公民の3分野の全範囲が終了したと思ったら、範囲のない模試が待っています。

ここで、生徒の推移をみていると、非常に興味深い現象が起きます。この範囲なしの模試で社会の偏差値が高い（一般的に偏差値60以上）、好スタートを切る生徒ほど受験を自分の希望する形で終えていくのです。

いったいどうしてこんな現象が起きるのでしょうか。

答えはいたってシンプルで、**社会ほど、一度しっかりと固めて適度に復習しておけば、成績が極端に落ちない科目は他にないから**なのです。

つまり、わたしの基本理念である**「4科目の中で、まず社会を固める学習戦略」にも通じる部分なのですが、社会の知識をしっかりと固めて、一定の演習でアウトプットを終えた生徒は、大きく時間を空けずに適度に復習しておけば、社会の成績が落ちない**のです。

当然、社会は暗記がベースになってくる科目ですから、応用という言葉が算数や国語のようなレベルまでいきません。**一度しっかりと固めてしまえば、次に知識を再確認するときも最初のときほど時間がかからずに、こんなに得点が安定して取れる科目は他にないのです。**

数え切れないくらいの受験生の実体験をみてきて、こんなお話をよく聞きます。

「5年生のときはそれなりの偏差値だったのに、6年生の途中で模試の範囲がなくなってから、算数や国語の偏差値が落ちてしまって、なかなか元に戻りません。このままでは、志望校選びに支障が出てしまいます」

こんな悩みは数え切れないくらい聞いてきました。

要は、6年生の途中から、算数や国語の偏差値が落ちてしまうという話ですね。この手の話は身近にたくさんあると思いますし、本当によく聞くはずです。

しかし、わたしは社会が専門なので、社会の成績を中心にいろいろなケースをみてきました。そして、社会を早く固めるようにアドバイスしていると、こんな声を非常にたくさん聞くようになりました。

「野村先生、おかげさまで息子は社会がいちばん得意科目になり、公民のときに地理や歴史の復習をしっかりとしておきました。すると、範囲がなくなってからの模試で偏差値62を取りました!! 息子自身も社会が得意科目だと強く自覚し、社会の暗記だけは欠かさずやっています。9月の模試では、国語の偏差値が思ったよりも悪かったのですが、社会の偏差値が毎回60をキープしているおかげで、4科目の総合偏差値はそれなりの形で、志望校選びの幅も広がり、とても良いリズムになっています」

いかがですか。このような喜びの声は本当に多くいただきます。

そして、入試本番まで社会を高水準のまま得点し続けることができたことが心の支えになって、良いモチベーションで入試を終えることができたという好例です。毎年こういう方がとても多いのです。

やはり、一つでも得点源になる科目があるということは、思っている以上にメンタル面の強さを引き出すことができるのです。

仮に国語で大きく失敗したとしても、社会で取り返してやるというような自信にもなります。実際、出題形式が大きく変わらない場合であれば、過去問を解いての予想得点と、実際の出来も社会がいちばん安定しているはずです。

これが国語になると、出題文との相性というものに大きく左右される場合がありますし、算数の場合も、苦手な単元が出たり、計算ミスをしたりして、大問まるまる一題を落としてしまうような可能性も大いにあります。

そういった総合的な科目別の性質をみても、やはり社会は早めに固めておくと本当に良いことずくめなのです。

しかし、一般的に塾に通われる場合は、**まず算数・国語を固めるような指示をする塾がほとんどで、社会を固めるような戦略をすすめるようなところはありません**ので、間違ってもこのような声は表には出てこないでしょう。

もちろん、最終的な学習戦略をどうするかは親であるあなたが決定することです。

しかし、学習戦略の方法論として、このようなやり方もあるということを知っておいてください。

そしてこれは、**社会科に特化しているわたしだからお話しできる貴重な情報であり、このような成功体験が毎年何百もあることをぜひ知っておいていただきたい**のです。ぜひとも、この内容を生かし、公民を固めながら、地理・歴史もしっかりと復習しておきましょう。

そして、他のライバルよりも社会の力を早めに固めることで、社会は得点源だという自信を持たせて、6年生の秋からのラストスパートを上手に乗り切るようにしましょう。

まとめ　～公民を攻略する～

□公民という分野の3つの秘密、その3つの理由が分かりましたか?
□公民を始めるにあたり、受験生が必ず陥るジレンマが分かりましたか?
□公民を学んでいる最中に、地理・歴史の定着度をチェックする方法は分かりましたか?
□公民と同時に地理・歴史の復習を塾に任せきりにしてはいけない理由が分かりま

したか?
□公民を学んでいる最中に、地理・歴史を復習するメリットは分かりましたか?

第5章

時事問題を攻略する!

1.〜時事問題とは何か〜

最後の章では、中学受験の社会の中で、時事問題をどのように攻略していけばよいのかをお話ししていきます。さらには、時事問題という単元の性質なども交えてお話ししていきます。

まず、時事問題とは、たとえば2012年の1月から2月に受験する場合は2011年に起こった重大ニュース・出来事などの問題を指します。

第4章でお話しした公民の一つの単元、つまり、公民という分野の中に時事問題という単元が入っているという見方もあれば、公民と時事問題は別ものとして扱う塾や参考書もあります。

わたしは対策方法などや学習する時期も違うので、**中学受験の社会4分野として、地理・歴史・公民・時事問題**という4つの分野で区分しています。

ここで、時事問題がどういう問題か理解してもらうために、実際に出題された時事問題を2つほど紹介します。

■愛光中学（愛媛）　2010年度社会の入試問題より

【問題】ハイブリッドカーなどの環境にやさしい車が売れるように、政府が2009年に行った政策はどのようなものでしたか。

【答え】エコカー減税（エコカー補助金）

■洛南高等学校附属中学（京都）　2010年度社会の入試問題より

【問題】3党による連立政権について、民主党と連立を組んだ政党は、社会民主党と何党ですか。政党の名を答えなさい。

【答え】国民新党

問題をみてお分かりの方もいたかもしれませんが、時事問題は、他の分野とはまったく異なる性質を持っています。

それは、**その年その年で覚えなければいけないことが180度変わってしまう点です。**

つまり、**お子さんが小学6年生のときの1年間に起こった重大ニュースや出来事が入試には出題される**のです。

たとえば重大ニュースや出来事というのは以下のようなことです。

●総理大臣が替わったりする
●サミットが開催される
●オリンピックが開かれる
●大災害が起こる（地震・津波・台風）
●衆議院が解散する

●衆議院・参議院議員選挙が行われる

ですから、どの塾でも時事問題対策の教材は毎年必ず違っていますし、11月・12月には、時事問題対策用の参考書がいろいろな出版社から発売されます。

この時事問題の一般的な対策方法としては、塾に通っているのであれば、塾の授業中に対策をしてもらうか、大きな塾であれば、その塾が発行している時事問題集が配られ、各自これをしっかりとやっておくようにと指示されるところもあります。

実際の入試問題でも、新しい総理大臣の名前を漢字指定で書かせるような簡単な問題から、選挙に関する難易度の高い問題までいろいろなタイプの問題が出題されています。

近年、時事問題を出題する背景には、**中学校側も単なる詰め込みの受験知識ではなくて、世の中のことにどれだけ関心を持っているか**を知りたがっているということなのです。

そういった点からも時事問題は出題が年々非常に増えておりますし、トレンドをみていますと、今後も時事問題を出題する中学校が増えてくるのは間違いないでしょう。

2. ～時事問題の対策は過去問研究の上で～

時事問題を勉強していく時期は、一般的に6年生の冬、入試直前期です。ということは、**すでに受験する中学校がおおむね決まっている状態**なのです。その前提で、今から親御さんによくされる相談を紹介します。

「野村先生、時事問題に関してなんですけども、どの程度まで対策を取ればよいでしょうか？」

いかがですか。この質問に違和感を覚えた方、思うことがあった方はそれが正解です。

よくよく考えてみてもおかしな質問だと思います。

なぜかといいますと、「すでに受験する中学が決まっている状態」だからです。

断言してもよいですが、絶対に次の答え以外にありません。

「受験する志望校の社会の過去問をみてください。その出題傾向に沿って、対策を取るようにしましょう。つまり、志望校で時事問題がある程度細かく聞かれるのであれば、その部分まで対策を取らなければいけませんし、逆に、小問1〜2題程度で、単なる語句レベルの知識の暗記を求めている程度であれば、新しい総理大臣は誰か？　今年のサミットはどこで開かれたか？　などキーワードレベルで答えられるようにしておけば問題ありません」

そう、志望校に出題された傾向こそ、いちばん対策を取るべき方法なのです。ですから、それに合わせて勉強をすることがいちばん大切になります。

3. ～時事問題を攻略しよう～

親御さんの悩みを聞いていると、極端な場合でいえば、4年生、5年生の段階で、**「来年は時事問題も覚えなければいけないし」といった強迫観念**を持った親御さんがいます。

しかし、これに関しては、先に言っておきます。

「時事問題のことを意識するのは6年生の後半からで構いません」

そんなに早い時期から心配することはいっさいありません。

なぜなら、時事問題というのは、結局6年生のときの1年間に起こった出来事ですから、やみくもに不安になってもなかなか対策の仕様もありませんし、**地理・歴史・公民分野と比べれば、暗記する負担は何十分の一以下だから**です。

しかも、時事問題に関しては、６年生の11月・12月に出る市販の時事問題集がそれなりによくまとまっています。

ですから、書店に行って、お子さんが使いやすいものを１～２冊用意していただき、それを学習すればまったく問題ありませんし、まったく対策をしないのは危険ですが、そのように対策をしていけば十分得点が可能な分野です。

ただし、難関中学を目指す場合は、注意が必要です。

時事問題の中でも高度なレベルの問題を出題する中学が少なからず存在し、時事問題の出題に関して、次のような傾向を持つケースがあります。

●時事問題を直近１年間だけではなく、もう１～２年前までさかのぼって出題してくる
●時事問題の内容を踏まえて、受験生の考えを述べさせたり、思考させるような問題を出す中学がある

実際に出題された問題をみてみましょう。

■**渋谷教育学園幕張中学（千葉）** 2009年度社会の入試問題より

【問題】去年の夏は旅客機の利用者、特に日本から海外への旅行者が前年度に比べ減少しました。これについて、去年のできごとをふまえ、その理由を解答用紙のわく内で答えなさい。

【答え】原油の価格が高騰したため、航空会社が料金の値上げを行ったから。

まさに、時事問題の内容から、受験生に思考させるような問題です。

こういった類の内容は、市販の時事問題集には暗記事項という形で重要項目には掲載してありませんが、このような傾向の問題を出す中学は少なからずありますので、**そういった中学が志望校に入ってくる場合のみ、やはり対策が必要になってきます。**

しかし、これらは、どの受験生も塾で習う単元にはありませんので、どうしても家庭学習の環境の中で、対策を練っていく必要があります。

こういう**「世の中にどれだけ関心を持っているか」**を根付かせるのは、もっと前の時期（小学4年生くらい）からお子さんに〝意識的に〟世の中で起こっていることを話題にすることが一番です。

それによってお子さんが世の中の出来事に関心を持つ下地ができてくるのです。

これは、一朝一夕には身につけることのできない力になりますので、たいへん大きなアドバンテージです。

ただし、親御さんも付きっきりでそのように接してあげられるとは限りませんので、一つ良い方法を紹介します。

お子さん自身も自発的に世の中に関心を持つことができる方法としては、一般的には**小学生新聞を読む**ことがいちばん有効な方法だと思います。

職業柄、わたしも毎日読んでいますが、やはり普通の新聞よりも切り口が小学生向けに編集されていて理解しやすくなっています。

しかも、どうして？　なぜ？　というところに焦点を合わせて記事がつくられているので、3ヵ月間、毎日時間を取って少しずつ読むだけでも、効果は大いにあります。

ただし、この新聞を読むというのは、**やはり習慣づけるまでの工夫**がとても必要になるかと思います。


余談ですが、わたしの受講生で、授業のあとに声をかけにくる生徒がいます。ずいぶん大人のような考え方ができる子だと感じる生徒にちらっと聞いてみると、小学生新聞などを読んでいたりするのです（この傾向も一人や二人ではありません）。

そして、こういった生徒に、時事的な要素の記述問題を解かせてみると、やはりかなりの確率で十分な点を取れています。


しかし、新聞の場合、毎日読んだり、なかなか習慣づけるのが難しいお子さんもいると思います。実際、新聞をとっても読まなければ宝の持ち腐れです。

市販の月刊誌などでも小学生のためのニュース本、時事問題本などは意外とあります。どれも上手に活用すれば小学生新聞と同じようにたいへん役立つものです。そういった方法も検討してみましょう。

ただし、**あれもこれも与えたりしてはいけません。**いきなりすべてを行うのではなく、まずはお子さんに合う方法を一つに決めて、継続して習慣づけていくことが大切になります。

4.〜時事問題を学習するメリットとは？〜

難関校対策の一環として、時事問題を学習する上で、小学生新聞や小学生のためのニュース本、時事問題本についてお話ししましたが、これは一部の中学校だけのためのメリットではありません。

こういったものを読むと、次のようなメリットもあるのです。

●知識が相互補完されていく

↓
地理・歴史・公民の中で覚えた知識が良い形で上書きされます。

たとえば、富士宮やきそばなどのB級グルメの記事を新聞で読んだとします。すると、この富士宮、実は工業都市の富士・富士宮の製紙・パルプ工業の地域だということを思い出し、地図上の位置もイメージすることができ、新たな知識を関連付けて覚えるだけではなく、頭の中で「復習効果」まであるのです。

公民部分でも、衆議院議員選挙という記事を読んだとします。すると、塾で習う以上に小選挙区比例代表並立制の仕組みがしっかりと書いてあります。この部分で公民の基本分野を再確認できます。

●記述問題の中で思考力表現型や意見陳述型の問題にも強くなる
↓
自分の意見というのは、あらゆる知識の下地がたくさんあって、その中で持っている知識を組み合わせたりして答えを導くのです。
近年、記述問題の中で、時事問題分野での思考力表現型や意見陳述型の問題が出る中学もあります。そういった中学の問題に対応するためには、情報のシャワーを浴びておかなければいけません。そういった積み重ねがあるからこそ、いざ問題に出た場合でも対応する力ができるのです。

そして、何よりいちばん大切なこと。
それは、「社会に興味を持つようになる」ことです。

やはり、**無理やり暗記をしようとすることよりも、興味を持って暗記することのほうが当然はるかに効果的**です。
そういった興味や探究の部分を新聞などがきっかけで引き出すことができたらこれ以上に心強いことはありません。

時事問題に限らず、社会という科目は、興味を持ってくれて、少しでも楽しく、好きになってくれることこそが最も大切な要素だからです。

5．〜時事問題に興味を持って取り組むことが大切〜

小学生新聞や小学生のためのニュース本、時事問題本は、自分から、「お父さん、お母さん、これ読みたいから買って！」というような子でもない限り、ある日突然与えて「はい、今日からこれを10分は読みなさい」ではまず確実に長続きしないでしょう。

やはり、時事問題に限らず、勉強や習い事全般にいえることだと思うのですが、**無理にやらされるということはあまり長続きしません。**

たとえば、自分の経験なのですが、わたしは物心ついたときから公文をやっていました。今でも覚えていますが、いちばんはじめのプリントは、単に道路の絵が描いてあって、上から下に向かって一本線を引くだけです。しかし、単なるその作業ができただけでも、公文の先生や母親からできたことをほめられたとき、とても嬉しかった記憶があります。

いちばん最初は、そういった興味を持てるような仕組みだったからこそ、継続して行うきっかけになったのだと思います。

この小学生新聞にも、実はとても近いものを感じており、新聞自体はとても分かりやすくできていますが、やはり**何よりも大切なことは、親御さんとお子さんのコミュニケーションだと思うのです。**

だから、最初の1ヵ月でも構いません。たとえば、親子で一緒に読んでみて、一つのテーマについて10分間でも食事の時間に話し合ったりしてみてください。

そういった機会を設けたりして、お子さんが新聞から吸収している知識が1個でもあったら、**思いっきりほめてあげる。**これを実践してみましょう。

自転車でいえば、いきなり補助輪なしで乗ったりはせず、まずは補助輪をつけて乗り、あるときから補助輪なしで乗るはずです。

新聞を読むこともまったく同じで、このような補助輪の期間を経て、自分でもスラスラ読む期間へと成長するのです。

一度、読むことが癖になって習慣づけばとてもプラスに作用してきますし、勉強という枠組みをこえて、人間的にも豊かになることは間違いありません。

ぜひ、親子で上手な方法を試しながら、上手く取り入れてみてはいかがでしょうか。

本書がきっかけで、これから社会に取り組むことに興味を持ってくれて、社会が好きになってくれれば、これ以上に嬉しいことはありません。

まとめ　〜時事問題を攻略する〜

□時事問題がどういうものか分かりましたか?

□時事問題にどの程度対策を取ればよいのか分かりましたか?

□時事問題を学習するメリットが分かりましたか?

□時事問題への取り組み方が分かりましたか?

おわりに

中学受験の現場に身を置いていると、中学受験というのは、ドラマのようなものだと思います。
ただし、最後まで、どんな結末になるのかが分からない、本当に最後までハラハラするドラマです。

そして、そのドラマの主人公はだれかといえば、もちろんあなたのお子さんですね。
毎日塾に通い、家庭学習をこなし、必死になって頑張っているでしょう。
では、親であるあなたは、ドラマの中でどんな役割なのでしょう。

わたしがこの本を書いているときも、常にその部分を意識していました。
そう、わたしは、親であるあなたは、「脚本家」だと思っています。

つまり、このドラマを成功させるための脚本は、親であるあなたが書かなければいけません。そうしないと、主人公一人だけでは、塾を決めたり、模試を分析したり、苦手科目の対策をする、夏期や冬期をどのように過ごすのか、志望校をどこにするのか、どれも決めることができません。

そう、ドラマの出来は、親であるあなたにかかっているのです。

だからこそ、本書には、中学受験の社会という科目を得点源にする、そのためにはどのような戦略を立てればよいのか、まずは親御さんに知っていただきたいという私の思いが詰まっています。

そしてお子さんと一緒に協力して社会を武器にしてもらえるようなノウハウを凝縮させたものになっております。

そして、最後にわたし自身がいつも思い浮かべるドラマを聞いてください。

ふと目を閉じると、いつもさまざまなドラマが浮かんできます。

ちょっとした社会の小テストでも満点を取り、家でお父さん、お母さんにみせるのが待ち遠しくてうずうずしている生徒の姿……。

正しい社会の戦略を用いて社会の成績が上がっていく、はじめて偏差値60を突破した瞬間、家族の食卓で微笑ましく過ごす。

そんな光景や……。

親子のしっかりとした絆の中でも、時には強い言い争いになったり、受験をやめると言い出したりするような光景……。

目を閉じれば、いろいろな光景が目に浮かびます。

しかし、そういった起承転結のドラマの中でも、最終回は決まっています。

そう、真冬のとても寒い日に、

「親子で涙を流して抱き合い、合格掲示板の前にいる光景」です。

そんなとき、そのかばんには、フセンがあちこちにつけてあったり、ラインが引いてあって、ぼろぼろに使い込まれた本書がさりげなく入っている。

この本が、その感動の瞬間に立ちあえる、そんなものになれば、この上なく幸せです。

最後までお読みいただきまして本当にありがとうございました。

本書が皆様の一助となることを心より願っております。

野村恵祐

著者紹介

野村恵祐　Keisuke Nomura

1985年群馬県生まれ。愛光高校、慶應義塾大学商学部卒業。

株式会社NCF代表取締役。中学受験 社会科専門のスタディアップ代表。

大学1年時より、数々の大手進学塾や個別指導塾、家庭教師センターで活躍。短期間で社会の偏差値を上げて、志望校に合格させた実績を多数持つ。現在は自ら代表を務めるスタディアップで、年間に2000名以上の受験生及び、その父兄と関わっている。また、社会の教材開発・プロデュースなども行っている。

野村恵祐 オフィシャルサイト　http://www.nomurakeisuke.com/

中学受験 社会科専門のスタディアップ

「中学受験において社会こそがまず最初に固めるべき科目であり、いかに社会を早めに仕上げることこそが合格につながる戦略か。」その理念のもと、著者が立ち上げ、代表を務める日本で唯一の中学受験 社会科専門塾。授業形式のライブ講義や、家庭学習で効率良く社会の成績をアップさせるような講義CD・テキストなどの教材を取り扱っている。

スタディアップ 公式ホームページ　http://www.juken-goukaku.com/

中学受験《ちゅうがくじゅけん》は社会《しやかい》で合格《ごうかく》が決《き》まる

2011年 6 月30日　第1刷発行
2015年11月 2 日　第5刷発行

著　者　　野村恵祐《のむらけいすけ》
発行者　　鈴木　哲
発行所　　株式会社講談社
〒112-8001　東京都文京区音羽2-12-21
電話 出版　03-5395-3522
販売　03-5395-4415
業務　03-5395-3615

印刷所　　大日本印刷株式会社
製本所　　株式会社若林製本工場
本文データ制作　講談社デジタル製作部
カバーデザイン　宮口 瑚
イラスト　北村 人

© Keisuke Nomura 2011, Printed in Japan

定価はカバーに表示してあります。

落丁本・乱丁本は購入書店名を明記のうえ、小社業務あてにお送りください。送料小社負担にてお取り替えいたします。なお、この本についてのお問い合わせは第一事業局企画部あてにお願いいたします。

本書のコピー、スキャン、デジタル化等の無断複製は著作権法上での例外を除き禁じられています。本書を代行業者等の第三者に依頼してスキャンやデジタル化することはたとえ個人や家庭内の利用でも著作権法違反です。Ⓡ〈日本複製権センター委託出版物〉

ISBN978-4-06-216903-5

講談社の好評既刊

ドミニック・ローホー
原　秋子　訳
屋根ひとつ　お茶一杯
魂を満たす小さな暮らし方
「シンプルな生き方」を提案し、母国フランスやヨーロッパ各国で支持される著者が、人を幸せにする住まいのあり方をアドバイス
1200円

堀尾正明
話す！　聞く！　おしゃべりの底力
日本人の会話の非常識
紅白歌合戦の総合司会や、生番組で2000人以上にインタビューしてきた著者が明かす、一生役立つ会話の秘訣とうちとける技術
1300円

榎　啓一
iモードの猛獣使い
会社に20兆円稼がせたスーパー・サラリーマン
日本のライフスタイルを一変させた「iモード」開発チームの総責任者が、イノベーションを起こした成功の秘訣を初めて語る！
1400円

小山薫堂
唐池恒二
実践！　仕事論
現場で成功した二人がはじめて語る「地方・人・幸福」
天才クリエイターとカリスマ経営者――いま最注目の二人がビジネスの極意、不採算事業の復活策、人の動かし方まですべてを明かす
1400円

パトリス・ジュリアン
ライフレシピ
フランス流「シンプルで豊かな暮らし」を手に入れる30のレッスン
繰り返される毎日の生活を「アート」に。お金では買えない、こころから人生を楽しむための30のエッセンスをカリスマが語る一冊！
1400円

松本千登世
ハイヒールは女の筋トレ
美の基礎代謝をあげる82の小さな秘密
美人じゃなくていい。美人に見えれば――人気美容ジャーナリストが教える、誰でもキレイになれる82の「言葉」「法則」「心得」集!!
1200円

表示価格はすべて本体価格（税別）です。本体価格は変更することがあります。

講談社の好評既刊

武田信彦・著 Noritake・絵
SELF DEFENSE 「逃げるが勝ち」が身を守る
凶悪犯罪が怖い昨今、自分の安全は自分で守らなければいけない時代です。安全力を急激アップする護身術のコツは「逃げるが勝ち」！
1300円

広瀬和生
なぜ「小三治」の落語は面白いのか？
人間国宝・柳家小三治を膨大な時間をかけて聴いて綴った、落語ファン必読の書。貴重なロングインタビューや名言、高座写真も満載
1700円

松浦弥太郎
僕の好きな男のタイプ 58通りのパートナー選び
『暮しの手帖』編集長で人気エッセイストがすべての女性に捧げる100％の恋愛論！「おとこまえ」な男の見極め方を指南する
1300円

金子兜太
他界
「他界」は忘れ得ぬ記憶、故郷――。あの世には懐かしい人たちが待っている。95歳の俳人が辿り着いた境地は、これぞ長生きの秘訣！
1300円

枡野俊明
心に美しい庭をつくりなさい。
人は誰でも心の内に「庭」を持っている――。心に庭をつくると、心が整い、悩みが消え、アイデアが浮かび、豊かに生きる効用がある
1300円

若杉　冽
東京ブラックアウト
「原発再稼働が殺すのは大都市の住民だ!!」現役キャリア官僚のリアル告発ノベル第二弾「この小説は95％ノンフィクションである！」
1600円

表示価格はすべて本体価格（税別）です。本体価格は変更することがあります。

講談社の好評既刊

天外伺朗
「教えないから人が育つ」横田英毅のリーダー学
12年連続お客様満足度全国ナンバーワン! 驚くべき業績の自動車ディーラー「ネッツトヨタ南国」のリーダーが経営の本質を語る!
1400円

松浦弥太郎
もし僕がいま25歳なら、こんな50のやりたいことがある。
「暮しの手帖」編集長で人気エッセイストの松浦さんが、夢をもてない悩める若者たちに贈る、人生と仕事のヒントに満ちた一冊
1300円

木村真三
「放射能汚染地図」の今
原発事故はまだ何も終わっていない。それを日本人は忘れてはならない。福島で被災者と共に闘い続ける科学者の3年におよぶ記録
1500円

天外伺朗
「日本一労働時間が短い"超ホワイト企業"は利益率業界一!」山田昭男のリーダー学
テレビでもおなじみの名物経営者・未来工業の創業者・山田昭男のリーダーとしての本質を、作家・天外伺朗が読み解くビジネス書
1400円

岩瀬大輔
仕事でいちばん大切な人を好きになる力
大ベストセラー『入社1年目の教科書』著者の最新作! ライフネット生命保険社長が語る楽しく働くための普遍的ルールのすべて
1300円

佐藤　優
完全版　野蛮人のテーブルマナー
「野蛮人の技法」を身につけると、今持っている能力を2倍、3倍にできる! 会社でバカにされない画期的人生マナー本が誕生した!!
1000円

表示価格はすべて本体価格(税別)です。本体価格は変更することがあります。

講談社の好評既刊

坂上　忍
パグゾウくんとシノブくん。
坂上忍さんのブログやテレビで人気爆発！　愛犬〝パグゾウ〟の待望の写真集がついに出た。愛らしい表情と毒舌名言があなたを癒す!!
1000円

松本　勲
ムーミンカフェ　おもてなしごはん
行列のできる人気カフェ、初のレシピ本！　物語から抜け出てきたような可愛い一皿から北欧のほっこり料理まで、マニア必読の一冊
1800円

小林正弥
アリストテレスの人生相談
「電車の中で騒ぐ若者は…注意しなくて良い…なぜ？」人生の難問70を哲学的に完全解決——生きるのがストーンと楽になる教科書!!
1600円

傳田光洋
驚きの皮膚
視覚、聴覚があり、あるいは、記憶し、予知する力がある皮膚感覚。人間が「裸のサル」になった本当の理由と運命が、今明らかに！
1500円

佐野洋子 文
北村裕花 絵
ヨーコさんの〝言葉〟
大ベストセラー『100万回生きたねこ』の著者による、人生の真実を見抜いた痛快な言葉が胸を打つ。豊かに生きるための処方箋！
1300円

込山富秀
「青春18きっぷ」ポスター紀行
日本中のファンが待っていた！　若き日のあなたを旅人にしたJR「青春18きっぷ」ポスター25年分と制作秘話を一挙掲載!!
1800円

表示価格はすべて本体価格（税別）です。本体価格は変更することがあります。